Asiatische Geschmacksexplosionen
Ein Reise durch die Aromen Asiens

Mei Chen

Inhalt

Würzig geschmortes Schweinefleisch 9
gedämpfte Schweinebrötchen 10
Kohlschweinefleisch 12
Schweinefleisch mit Kohl und Tomaten 14
Mariniertes Schweinefleisch mit Kohl 15
Schweinefleisch mit Sellerie 17
Schweinefleisch mit Kastanien und Pilzen 18
Suey-Schweinekotelett 19
Schweinefleisch-Chow-Mein 21
Gebratenes Schweinefleisch-Chow-Mein 23
Schweinefleisch-Chutney 24
Gurkenschweinefleisch 25
knusprige Schweinefleischpäckchen 26
Eier-Schweinefleischröllchen 27
Eierbrötchen mit Schweinefleisch und Garnelen 28
Geschmortes Schweineei 29
feuriges Schwein 30
gebratenes Schweinefilet 31
Schweinefleisch mit fünf Gewürzen 32
Duftender geschmorter Schweinefleischgeschmack 33
Gehacktes Knoblauchschweinefleisch 34
Schweinebraten mit Ingwer 35
Schweinefleisch mit grünen Bohnen 37
Schweineschinken und Tofu 38
Gebratene Schweinefleischspieße 40
Schweinshaxe geschmort in roter Soße 41
mariniertes Schweinefleisch 43
Marinierte Schweinekoteletts 44
Schweinefleisch mit Pilzen 45
gedämpftes Hackfleisch 46
Rotes gekochtes Schweinefleisch mit Pilzen 47
Schweinepfannkuchen mit Nudeln 48

Schweinefleisch und Garnelen mit Nudelpfannkuchen.................. 49
Schweinefleisch in Austernsauce 50
Erdnussschweinefleisch 51
Schweinefleisch mit Paprika.. 53
Würziges Schweinefleisch mit Gurken 54
Schweinefleisch in Pflaumensauce 56
Schweinefleisch mit Garnelen... 57
rot gekochtes Schweinefleisch 58
Schweinefleisch in roter Soße 59
Schweinefleisch mit Reisnudeln 61
leckere Schweinefleischknödel.. 63
Gegrillte Schweinekoteletts... 64
gewürztes Schweinefleisch 65
Rutschige Schweinefleischscheiben 67
Schweinefleisch mit Spinat und Karotten 68
gedämpftes Schweinefleisch... 69
Schweinebraten... 70
Schweinefleisch mit Süßkartoffeln 71
Schweinefleisch süß-sauer 72
Pökelfleisch... 74
Schweinefleisch mit Tofu 75
frittiertes Schweinefleisch.. 76
zweimal gekochtes Schweinefleisch................................... 77
Schweinefleisch mit Gemüse.. 78
Schweinefleisch mit Walnüssen 80
Schweinefleisch-Ravioli 81
Schweinefleisch mit Wasserkastanien................................ 82
Wontons mit Schweinefleisch und Garnelen....................... 83
gedämpfte Puderzuckerbrötchen 84
Rippchen in schwarzer Bohnensauce 86
gegrillte Rippchen.. 88
Geröstete Ahornrippen 89
gebratene Schweinerippchen 90
Lauchrippen.. 91
Rippchen mit Pilzen 93
Orange Rippen... 94

Ananasrippen	*96*
Knusprige Garnelenrippen	*98*
Rippchen in Reiswein	*99*
Sesamrippen	*100*
Süße und zähe Rippchen	*102*
Gebratene Rippchen	*104*
Rippchen mit Tomate	*105*
gegrilltes Schwein	*107*
Kaltes Schweinefleisch mit Senf	*108*
chinesisches Schwein	*109*
Schweinefleisch mit Spinat	*110*
frittierte Schweinefleischbällchen	*111*
Eierbrötchen mit Schweinefleisch und Garnelen	*112*
Gedämpftes gehacktes Schweinefleisch	*114*
Gebratenes Schweinefleisch mit Krabbenfleisch	*115*
Schweinefleisch mit Sojasprossen	*116*
Eine gewöhnliche Hähnchenpfanne	*118*
Hähnchen in Tomatensauce	*120*
Huhn mit Tomaten	*121*
Hühnereintopf mit Tomaten	*122*
Hähnchen und Tomaten mit schwarzer Bohnensauce	*123*
Gebratenes Hähnchen mit Gemüse	*124*
Walnusshuhn	*125*
Huhn mit Walnüssen	*126*
Wasserkastanienhuhn	*127*
Gesalzenes Hähnchen mit Wasserkastanien	*128*
Hühnerravioli	*130*
knusprige Hähnchenflügel	*131*
Hähnchenflügel mit fünf Gewürzen	*132*
Marinierte Hähnchenflügel	*133*
Königliche Chicken Wings	*135*
Gewürzte Hähnchenflügel	*137*
gegrillte Hähnchenschenkel	*138*
Hoisin-Hähnchenschenkel	*139*
geschmortes Hähnchen	*140*
knusprig frittiertes Hühnchen	*141*

Ein ganzes Brathähnchen *143*
Hähnchen mit fünf Gewürzen *144*
Huhn mit Ingwer und Schnittlauch *146*
geschmortes Hähnchen.. *147*
Rot gekochtes Hähnchen... *148*
Rotes gekochtes Hähnchen mit Gewürzen................................. *149*
Sesam-Brathähnchen *150*
Hühnersojasauce *151*
gedämpftes Hähnchen... *152*
Gedämpftes Hähnchen mit Anis... *153*
seltsam schmeckendes Hühnchen *154*
Knusprige Hähnchenstücke *155*
Huhn mit grünen Bohnen... *156*
Gekochtes Hühnchen mit Ananas *157*
Hähnchen mit Paprika und Tomaten... *158*
Sesame Chicken *159*
gebratenes Küken.. *160*
Truthahn mit Zuckererbsen.. *161*
Truthahn mit Paprika.. *163*
chinesischer gebratener Truthahn.. *165*
Truthahn mit Walnüssen und Pilzen *166*
Ente auf Bambussprossen... *168*
Ente mit Sojasprossen... *169*
geschmorte Ente.. *170*
Gedämpfte Ente mit Sellerie *171*
Ingwerente *172*
Ente mit grünen Bohnen *174*
dampfgebratene Ente *176*
Ente mit exotischen Früchten *177*
Geschmorte Ente mit chinesischen Blättern *179*
betrunkene Ente *180*
fünf würzige Enten *182*
Gebratene Ente mit Ingwer.. *183*
Ente mit Schinken und Lauch.. *184*
Honig gebratene Ente *185*
nasse gebratene Ente *186*

Gebratene Ente mit Pilzen 188
Ente mit zwei Pilzen 190
Enteneintopf mit Zwiebeln 191
Ente mit Orange 193
Gebratene Ente mit Orange 194
Ente mit Birnen und Kastanien 195
Pekingente 196
Enteneintopf mit Ananas 200
Gebratene Ente mit Ananas 201
Ente mit Ananas und Ingwer 203
Ente mit Ananas und Litschi 204
Ente mit Schweinefleisch und Kastanien 205
Ente mit Kartoffeln 206
Rote gekochte Ente 208
Gebratene Ente mit Reisalkohol 209
Gedämpfte Ente in Reiswein 210
gesalzene Ente 211
Gesalzene Ente mit grünen Bohnen 212
geschmorte Ente 214
Entenbraten 216
Ente mit Süßkartoffeln 217
süß-saure Ente 219

Würzig geschmortes Schweinefleisch

für 4 Personen

450 g gewürfeltes Schweinefleisch

Salz und Pfeffer

30 ml / 2 EL Sojasauce

30 ml / 2 EL. Hoisin Soße

45 ml / 3 EL Erdnussöl

120 ml / 4 fl oz / ½ Tasse Reiswein oder trockener Sherry

300 ml / ½ pt / 1 ¼ Tasse Hühnerbrühe

5 ml / 1 TL Fünf-Gewürze-Pulver

6 Frühlingszwiebeln (Frühlingszwiebeln), gehackt

225 g / 8 oz Austernpilze, in Scheiben geschnitten

15 ml / 1 EL Maismehl (Maisstärke)

Das Fleisch mit Salz und Pfeffer würzen. Auf einen Teller legen und Sojasauce und Hoisinsauce vermischen. Abdecken und 1 Stunde marinieren. Das Öl erhitzen und das Fleisch goldbraun braten. Wein oder Sherry, Brühe und 5-Gewürze-Pulver hinzufügen, zum Kochen bringen, abdecken und 1 Stunde köcheln lassen. Frühlingszwiebeln und Champignons dazugeben, Deckel abnehmen und weitere 4 Minuten köcheln lassen. Die Speisestärke mit etwas Wasser verrühren, zum

Kochen bringen und unter Rühren 3 Minuten kochen lassen, bis die Soße eindickt.

gedämpfte Schweinebrötchen

vor 12 Jahren

30 ml / 2 EL. Hoisin Soße
15 ml / 1 EL. Austernsauce
15 ml / 1 EL Sojasauce
2,5 ml / ½ TL Sesamöl
30 ml / 2 EL Erdnussöl
10 ml / 2 TL geriebene Ingwerwurzel
1 zerdrückte Knoblauchzehe
300 ml / ½pt / 1¼ Tasse Wasser
15 ml / 1 EL Maismehl (Maisstärke)
225 g gekochtes Schweinefleisch, gehackt
4 Frühlingszwiebeln (Frühlingszwiebeln), gehackt
350 g / 12 oz / 3 Tassen Allzweckmehl
15 ml / 1 EL Backpulver
2,5 ml / ½ TL Salz
50 g / 2 oz / ½ Tasse Schmalz
5 ml / 1 Teelöffel Weinessig
Wachspapier 12 x 13 cm

Hoisin-, Austern- und Sojasauce sowie Sesamöl unterrühren. Das Öl erhitzen und den Ingwer und den Knoblauch anbraten, bis sie leicht gebräunt sind. Die Soße dazugeben und 2 Minuten anbraten. Mischen Sie 120 ml / 4 fl oz / ½ Tasse Wasser mit dem Maismehl und rühren Sie in der Pfanne um. Unter Rühren zum Kochen bringen und kochen, bis die Masse eindickt. Schweinefleisch und Zwiebeln hinzufügen und abkühlen lassen.

Mehl, Backpulver und Salz vermischen. Das Schmalz kneten, bis die Masse wie feine Semmelbrösel aussieht. Den Weinessig mit dem restlichen Wasser verrühren und mit dem Mehl zu einem festen Teig verrühren. Auf einer leicht bemehlten Fläche kneten, abdecken und 20 Minuten ruhen lassen.

Den Teig noch einmal durchkneten, in 12 Teile teilen und jeweils eine Kugel formen. Auf einer bemehlten Arbeitsfläche 6/15 cm große Kreise ausrollen. Einen Löffel Füllung in die Mitte jedes Kreises geben, die Ränder mit Wasser bestreichen und andrücken, um die Füllung zu verschließen. Fetten Sie eine Seite jedes Quadrats Pergamentpapier mit Öl ein. Legen Sie jede Rolle mit der Nahtseite nach unten auf das Quadrat. Legen Sie die Brötchen in einer einzigen Schicht auf einen

Dampfgarer über kochendem Wasser. Decken Sie die Brötchen ab und lassen Sie sie etwa 20 Minuten lang dämpfen, bis sie gar sind.

Kohlschweinefleisch

für 4 Personen

6 getrocknete chinesische Pilze

30 ml / 2 EL Erdnussöl

450 g / 1 Pfund Schweinefleisch, in Streifen geschnitten

2 geschnittene Zwiebeln

2 rote Paprika in Streifen schneiden

350 g / 12 oz Weißkohl, zerkleinert

2 zerdrückte Knoblauchzehen

2 Stangen Ingwer, gehackt

30 ml / 2 EL Honig

45 ml / 3 EL Sojasauce

120 ml / 4 fl oz / ½ Tasse trockener Weißwein

Salz und Pfeffer

10 ml / 2 TL Maismehl (Maisstärke)

15 ml / 1 EL Wasser

Die Pilze 30 Minuten in lauwarmem Wasser einweichen und abtropfen lassen. Die Stiele entfernen und die Spitzen abschneiden. Das Öl erhitzen und das Schweinefleisch anbraten, bis es leicht gebräunt ist. Gemüse, Knoblauch und Ingwer hinzufügen und 1 Minute anbraten. Honig, Sojasauce und Wein hinzufügen, zum Kochen bringen und zugedeckt 40 Minuten köcheln lassen, bis das Fleisch zart ist. Mit Salz und Pfeffer würzen. Maismehl und Wasser vermischen und im Topf verrühren. Unter ständigem Rühren zum Kochen bringen und dann 1 Minute kochen lassen.

Schweinefleisch mit Kohl und Tomaten

für 4 Personen

30 ml / 2 EL Erdnussöl

450 g mageres Schweinefleisch, in Scheiben geschnitten

Salz und frisch gemahlener Pfeffer

1 zerdrückte Knoblauchzehe

1 Zwiebel, fein gehackt

½ Kohl, gerieben

450 g Tomaten, geschält und geviertelt

250 ml / 8 Flüssigunzen / 1 Tasse Brühe

30 ml / 2 EL Maismehl (Maisstärke)

15 ml / 1 EL Sojasauce

60 ml / 4 EL Wasser

Öl erhitzen und Schweinefleisch mit Salz, Pfeffer, Knoblauch und Zwiebeln anbraten, bis es leicht gebräunt ist. Kohl, Tomaten und Brühe dazugeben, aufkochen, abdecken und 10 Minuten köcheln lassen, bis der Kohl weich ist. Maismehl, Sojasauce und Wasser zu einer Paste vermischen, in einem Topf verrühren und unter Rühren kochen, bis die Sauce klar wird und eindickt.

Mariniertes Schweinefleisch mit Kohl

für 4 Personen

350 g Pancetta

2 Frühlingszwiebeln (Frühlingszwiebeln), gehackt

1 Scheibe Ingwerwurzel, gemahlen

1 Zimtstange

3 Sternaniskapseln

45 ml / 3 EL brauner Zucker

600 ml / 1pt / 2½ Tassen Wasser

15 ml / 1 EL Erdnussöl

15 ml / 1 EL Sojasauce

5 ml / 1 TL Tomatenpüree (Paste)

5 ml / 1 TL Austernsauce

100 g / 4 oz Pak Choi-Herzen

100 g Pak Choi

Das Schweinefleisch in 10/4 cm große Stücke schneiden und in eine Schüssel geben. Frühlingszwiebeln, Ingwer, Zimt, Sternanis, Zucker und Wasser hinzufügen und 40 Minuten ziehen lassen. Das Öl erhitzen, das Schweinefleisch aus der Marinade nehmen und in die Pfanne geben. Leicht goldbraun braten, dann Sojasauce, Tomatenpüree und Austernsauce hinzufügen. Zum Kochen bringen und kochen, bis das Schweinefleisch gar ist und die Flüssigkeit reduziert ist, etwa 30 Minuten. Bei Bedarf während des Kochens etwas Wasser hinzufügen.

In der Zwischenzeit die Kohlherzen und den Bok Choi in kochendem Wasser ca. 10 Minuten dünsten, bis sie gar sind. Legen Sie sie auf einen warmen Servierteller, streuen Sie das Schweinefleisch darüber und gießen Sie die Sauce darüber.

Schweinefleisch mit Sellerie

für 4 Personen

45 ml / 3 EL Erdnussöl
1 zerdrückte Knoblauchzehe
1 Frühlingszwiebel (Frühlingszwiebel), gehackt
1 Scheibe Ingwerwurzel, gemahlen
225 g mageres Schweinefleisch, in Streifen geschnitten
100 g Sellerie, in dünne Scheiben geschnitten
45 ml / 3 EL Sojasauce
15 ml / 1 EL Reiswein oder trockner Sherry
5 ml / 1 TL Maismehl (Maisstärke)

Das Öl erhitzen und Knoblauch, Frühlingszwiebel und Ingwer anbraten, bis sie leicht gebräunt sind. Fügen Sie das Schweinefleisch hinzu und kochen Sie es 10 Minuten lang, bis es braun ist. Den Sellerie dazugeben und 3 Minuten anbraten. Die restlichen Zutaten hinzufügen und 3 Minuten anbraten.

Schweinefleisch mit Kastanien und Pilzen

für 4 Personen

4 getrocknete chinesische Pilze

100 g / 4 oz / 1 Tasse Kastanien

30 ml / 2 EL Erdnussöl

2,5 ml / ½ TL Salz

450 g mageres Schweinefleisch, gewürfelt

15 ml / 1 EL Sojasauce

375 ml / 13 fl oz / 1½ Tasse Hühnerbrühe

100 g / 4 oz geschnittene Wasserkastanien

Die Pilze 30 Minuten in lauwarmem Wasser einweichen und abtropfen lassen. Die Stiele entfernen und die Spitzen halbieren. Die Kastanien 1 Minute in kochendem Wasser kochen und abtropfen lassen. Öl und Salz erhitzen, dann das Schweinefleisch anbraten, bis es leicht gebräunt ist. Die Sojasauce hinzufügen und 1 Minute anbraten. Brühe hinzufügen und zum Kochen bringen. Kastanien und Wasserkastanien dazugeben, nochmals aufkochen, abdecken und ca. 1 Stunde 30 Minuten köcheln lassen, bis das Fleisch zart ist.

Suey-Schweinekotelett

für 4 Personen

100 g Bambussprossen, in Streifen geschnitten

100 g dünn geschnittene Wasserkastanien

60 ml / 4 EL Erdnussöl

3 Frühlingszwiebeln (Frühlingszwiebeln), gehackt

2 Knoblauchzehen, gehackt

1 Scheibe Ingwerwurzel, gemahlen

225 g mageres Schweinefleisch, in Streifen geschnitten

45 ml / 3 EL Sojasauce

15 ml / 1 EL Reiswein oder trockener Sherry

5 ml / 1 TL Salz

5 ml / 1 TL Zucker

frisch gemahlener Pfeffer

15 ml / 1 EL Maismehl (Maisstärke)

Bambussprossen und Kastanien in kochendem Wasser 2 Minuten blanchieren, abtropfen lassen und trocken tupfen. 45 ml / 3 EL Öl erhitzen und Frühlingszwiebeln, Knoblauch und Ingwer anbraten, bis sie leicht gebräunt sind. Das

Schweinefleisch dazugeben und 4 Minuten anbraten. Aus der Form nehmen.

Restliches Öl erhitzen und das Gemüse 3 Minuten anbraten. Schweinefleisch, Sojasauce, Wein oder Sherry, Salz, Zucker und eine Prise Pfeffer hinzufügen und 4 Minuten anbraten. Maismehl mit einer kleinen Menge Wasser vermischen, in einem Topf umrühren und unter Rühren kochen, bis die Soße klar wird und eindickt.

Schweinefleisch-Chow-Mein

für 4 Personen

4 getrocknete chinesische Pilze

30 ml / 2 EL Erdnussöl

2,5 ml / ½ TL Salz

4 Frühlingszwiebeln (Frühlingszwiebeln), gehackt

225 g mageres Schweinefleisch, in Streifen geschnitten

15 ml / 1 EL Sojasauce

5 ml / 1 TL Zucker

3 Selleriestangen, gehackt

1 Zwiebel, in Scheiben geschnitten

100 g Champignons, halbiert

120 ml / 4 fl oz / ½ Tasse Hühnerbrühe

Gebratene Nudeln

Die Pilze 30 Minuten in lauwarmem Wasser einweichen und abtropfen lassen. Die Stiele entfernen und die Spitzen abschneiden. Öl und Salz erhitzen und die Frühlingszwiebeln darin anbraten, bis sie weich sind. Schweinefleisch dazugeben und anbraten, bis es leicht gebräunt ist. Sojasauce, Zucker, Sellerie, Zwiebeln sowie frische und getrocknete Pilze vermischen und etwa 4 Minuten anbraten, bis die Zutaten gut vermischt sind. Brühe hinzufügen und 3 Minuten kochen lassen. Geben Sie die Hälfte der Nudeln in die Pfanne und rühren Sie vorsichtig um. Geben Sie dann die restlichen Nudeln hinzu und rühren Sie, bis alles durchgewärmt ist.

Gebratenes Schweinefleisch-Chow-Mein

für 4 Personen

100 g Sojasprossen

45 ml / 3 EL Erdnussöl

100 g Pak Choi, gerieben

225 g Schweinebraten, in Scheiben geschnitten

5 ml / 1 TL Salz

15 ml / 1 EL Reiswein oder trockener Sherry

Die Sojasprossen in kochendem Wasser 4 Minuten kochen und abtropfen lassen. Das Öl erhitzen und die Sojasprossen und den Kohl anbraten, bis sie weich sind. Schweinefleisch, Salz und Sherry hinzufügen und anbraten, bis es durchgeheizt ist. Die Hälfte der abgetropften Nudeln in die Pfanne geben und vorsichtig umrühren, bis alles durchgeheizt ist. Die restlichen Nudeln hinzufügen und rühren, bis alles durchgewärmt ist.

Schweinefleisch-Chutney

für 4 Personen

5 ml / 1 TL Fünf-Gewürze-Pulver

5 ml / 1 TL Currypulver

450 g / 1 Pfund Schweinefleisch, in Streifen geschnitten

30 ml / 2 EL Erdnussöl

6 Frühlingszwiebeln (Frühlingszwiebeln), in Streifen geschnitten

1 Selleriestange, in Streifen geschnitten

100 g Sojasprossen

1 200-g-Glas chinesische Gurken, gewürfelt

45 ml / 3 EL. Mango-Chutney

30 ml / 2 EL Sojasauce

30 ml / 2 EL Tomatenmark (Paste)

150 ml / ¼ pt / großzügige ½ Tasse Hühnerbrühe

10 ml / 2 TL Maismehl (Maisstärke)

Reiben Sie die Gewürze gut in das Schweinefleisch ein. Erhitzen Sie das Öl und braten Sie das Fleisch 8 Minuten lang oder bis es gar ist. Aus der Form nehmen. Das Gemüse in die Pfanne geben und 5 Minuten anbraten. Geben Sie das

Schweinefleisch mit allen anderen Zutaten außer dem Maismehl wieder in die Pfanne. Rühren, bis es sehr heiß ist. Das Maismehl mit etwas Wasser vermischen, in einem Topf umrühren und bei schwacher Hitze unter Rühren kochen, bis die Soße eindickt.

Gurkenschweinefleisch

für 4 Personen
225 g mageres Schweinefleisch, in Streifen geschnitten
30 ml / 2 EL. Allzweckmehl
Salz und frisch gemahlener Pfeffer
60 ml / 4 EL Erdnussöl
225 g Gurke, geschält und in Scheiben geschnitten
30 ml / 2 EL Sojasauce

Das Schweinefleisch mit dem Mehl vermengen und mit Salz und Pfeffer würzen. Erhitzen Sie das Öl und braten Sie das Schweinefleisch etwa 5 Minuten lang, bis es gar ist. Gurke und Sojasauce hinzufügen und weitere 4 Minuten anbraten. Überprüfen Sie die Gewürze, passen Sie sie an und servieren Sie sie mit gebratenem Reis.

knusprige Schweinefleischpäckchen

für 4 Personen
4 getrocknete chinesische Pilze
30 ml / 2 EL Erdnussöl
225 g gehacktes Schweinefilet (gehackt)
50 g geschälte und gehackte Garnelen
15 ml / 1 EL Sojasauce
15 ml / 1 EL Maismehl (Maisstärke)
30 ml / 2 EL Wasser
8 Frühlingsrollen
100 g / 4 oz / 1 Tasse Maismehl (Maizena)
Frittieröl

Die Pilze 30 Minuten in lauwarmem Wasser einweichen und abtropfen lassen. Die Stiele entfernen und die Stiele fein hacken. Öl erhitzen und Pilze, Schweinefleisch, Garnelen und

Sojasauce 2 Minuten anbraten. Maismehl und Wasser zu einem Teig vermischen und zu einer Füllung verrühren.

Die Nudeln in Streifen schneiden, am Ende jeweils etwas Füllung darauf geben und zu einem Dreieck rollen, mit etwas Mehl-Wasser-Mischung verschließen. Großzügig mit Maismehl bestreuen. Das Öl erhitzen und die Dreiecke knusprig und goldbraun braten. Vor dem Servieren gut abtropfen lassen.

Eier-Schweinefleischröllchen

für 4 Personen

225 g mageres Schweinefleisch, zerkleinert
1 Scheibe Ingwerwurzel, gemahlen
1 Frühlingszwiebel gehackt
15 ml / 1 EL Sojasauce
15 ml / 1 EL Wasser
12 Frühlingsrollenhäute
1 geschlagenes Ei
Frittieröl

Schweinefleisch, Ingwer, Zwiebeln, Sojasauce und Wasser vermischen. Geben Sie etwas Füllung in die Mitte jeder Haut und bestreichen Sie die Ränder mit geschlagenem Ei. Falten

Sie die Seiten nach innen, rollen Sie dann die Eierrolle von sich weg und verschließen Sie die Ränder mit dem Ei. In einem Dampfgarer auf dem Rost 30 Minuten dämpfen, bis das Schweinefleisch gar ist. Das Öl erhitzen und einige Minuten braten, bis es knusprig und goldbraun ist.

Eierbrötchen mit Schweinefleisch und Garnelen

für 4 Personen

30 ml / 2 EL Erdnussöl

225 g mageres Schweinefleisch, zerkleinert

6 Frühlingszwiebeln (Frühlingszwiebeln), gehackt

225 g Sojasprossen

100 g geschälte Garnelen, gehackt

15 ml / 1 EL Sojasauce

2,5 ml / ½ TL Salz

12 Frühlingsrollenhäute

1 geschlagenes Ei

Frittieröl

Öl erhitzen und Schweinefleisch und Frühlingszwiebeln anbraten, bis sie leicht gebräunt sind. In der Zwischenzeit die Sojasprossen 2 Minuten in kochendem Wasser blanchieren und dann abtropfen lassen. Sojasprossen in die Pfanne geben und 1 Minute anbraten. Garnelen, Sojasauce und Salz hinzufügen und 2 Minuten anbraten. Abkühlen lassen.

Geben Sie etwas Füllung in die Mitte jeder Haut und bestreichen Sie die Ränder mit geschlagenem Ei. Falten Sie die Ränder, rollen Sie dann die Frühlingsrollen und verschließen Sie die Ränder mit dem Ei. Das Öl erhitzen und die Frühlingsrollen knusprig und goldbraun braten.

Geschmortes Schweineei

für 4 Personen
450 g mageres Schweinefleisch
30 ml / 2 EL Erdnussöl
1 gehackte Zwiebel
90 ml / 6 EL Sojasauce
45 ml / 3 EL. Esslöffel Reiswein oder trockener Sherry
15 ml / 1 EL brauner Zucker
3 hartgekochte Eier (gekocht)

Bringen Sie einen Topf mit Wasser zum Kochen, geben Sie das Schweinefleisch hinein, bringen Sie es zum Kochen und kochen Sie es, bis es sich verschließt. Aus der Pfanne nehmen, gut abtropfen lassen und in Würfel schneiden. Das Öl erhitzen und die Zwiebel anbraten, bis sie weich ist. Schweinefleisch dazugeben und anbraten, bis es leicht gebräunt ist. Sojasauce, Wein oder Sherry und Zucker hinzufügen, abdecken und 30 Minuten köcheln lassen, dabei gelegentlich umrühren. Die Außenseite der Eier leicht einschneiden, in den Topf geben, abdecken und weitere 30 Minuten köcheln lassen.

feuriges Schwein

für 4 Personen
450 g Schweinefilet, in Streifen geschnitten
30 ml / 2 EL Sojasauce
30 ml / 2 EL. Hoisin Soße
5 ml / 1 TL Fünf-Gewürze-Pulver
15 ml / 1 EL Pfeffer
15 ml / 1 EL brauner Zucker
15 ml / 1 EL Sesamöl
30 ml / 2 EL Erdnussöl

6 Frühlingszwiebeln (Frühlingszwiebeln), gehackt

1 grüne Paprika in Stücke schneiden

200 g Sojasprossen

2 Scheiben Ananas, gewürfelt

45 ml / 3 Esslöffel Tomatensauce (Ketchup)

150 ml / ¼ pt / großzügige ½ Tasse Hühnerbrühe

Das Fleisch in eine Schüssel geben. Sojasauce, Hoisinsauce, Fünf-Gewürze-Pulver, Pfeffer und Zucker vermischen, über das Fleisch gießen und 1 Stunde marinieren lassen. Das Öl erhitzen und das Fleisch goldbraun braten. Aus der Form nehmen. Das Gemüse dazugeben und 2 Minuten anbraten. Ananas, Tomatensauce und Brühe hinzufügen und zum Kochen bringen. Geben Sie das Fleisch wieder in die Pfanne und erhitzen Sie es vor dem Servieren erneut.

gebratenes Schweinefilet

für 4 Personen

350 g gewürfeltes Schweinefilet

15 ml / 1 EL Reiswein oder trockener Sherry

15 ml / 1 EL Sojasauce
5 ml / 1 TL Sesamöl
30 ml / 2 EL Maismehl (Maisstärke)
Frittieröl

Mischen Sie Schweinefleisch, Wein oder Sherry, Sojasauce, Sesamöl und Maismehl, sodass das Schweinefleisch mit einer dicken Paste überzogen ist. Das Öl erhitzen und das Schweinefleisch darin ca. 3 Minuten knusprig braten. Das Schweinefleisch aus der Pfanne nehmen, das Öl erneut erhitzen und etwa 3 Minuten anbraten.

Schweinefleisch mit fünf Gewürzen

für 4 Personen
225 g / 8 oz mageres Schweinefleisch
5 ml / 1 TL Maismehl (Maisstärke)
2,5 ml / ½ TL Fünf-Gewürze-Pulver
2,5 ml / ½ TL Salz
15 ml / 1 EL Reiswein oder trockener Sherry
20 ml / 2 EL Erdnussöl

120 ml / 4 fl oz / ½ Tasse Hühnerbrühe

Das Schweinefleisch gegen die Faserrichtung in dünne Scheiben schneiden. Das Schweinefleisch mit Maismehl, Fünf-Gewürze-Pulver, Salz und Wein oder Sherry vermischen und gut vermischen, um das Schweinefleisch zu bedecken. 30 Minuten stehen lassen, dabei gelegentlich umrühren. Das Öl erhitzen, das Schweinefleisch dazugeben und etwa 3 Minuten anbraten. Brühe hinzufügen, zum Kochen bringen, abdecken und 3 Minuten kochen lassen. Sofort servieren.

Duftender geschmorter Schweinefleischgeschmack

Für 6 bis 8 Personen

1 Stück Mandarinenschale

45 ml / 3 EL Erdnussöl

900 g mageres Schweinefleisch, in Würfel geschnitten

250 ml / 8 fl oz / 1 Tasse Reiswein oder trockener Sherry

120 ml / 4 fl oz / ½ Tasse Sojasauce

2,5 ml / ½ TL Anispulver

½ Zimtstange

4 Zähne

5 ml / 1 TL Salz

250 ml / 8 Flüssigunzen / 1 Tasse Wasser

2 Frühlingszwiebeln (Frühlingszwiebeln), in Scheiben geschnitten

1 Scheibe Ingwerwurzel, gemahlen

Die Mandarinenschale während des Kochens in Wasser einweichen. Das Öl erhitzen und das Schweinefleisch anbraten, bis es leicht gebräunt ist. Wein oder Sherry, Sojasauce, Anispulver, Zimt, Nelken, Salz und Wasser hinzufügen. Aufkochen, Mandarinenschale, Frühlingszwiebel und Ingwer hinzufügen. Mit einem Deckel abdecken und etwa 1 Stunde und 30 Minuten kochen lassen, bis es gar ist. Dabei gelegentlich umrühren und bei Bedarf etwas kochendes Wasser hinzufügen. Vor dem Servieren Gewürze entfernen.

Gehacktes Knoblauchschweinefleisch

für 4 Personen

450 g Schweinebauch, ohne Haut

3 Scheiben Ingwerwurzel

2 Frühlingszwiebeln (Frühlingszwiebeln), gehackt

30 ml / 2 EL gehackter Knoblauch

30 ml / 2 EL Sojasauce

5 ml / 1 TL Salz

15 ml / 1 EL Hühnerbrühe

2,5 ml / ½ TL Chiliöl

4 Zweige Koriander

Das Schweinefleisch mit Ingwer und Frühlingszwiebeln in die Pfanne geben, mit Wasser bedecken, zum Kochen bringen und 30 Minuten garen, bis es weich ist. Herausnehmen, gut abtropfen lassen und dann in etwa 5 cm dünne Scheiben schneiden. Legen Sie die Scheiben in ein Metallsieb. Bringen Sie das Wasser zum Kochen, fügen Sie die Schweinefleischscheiben hinzu und kochen Sie es 3 Minuten lang, bis es durchgewärmt ist. Auf einer heißen Servierplatte anrichten. Knoblauch, Sojasauce, Salz, Brühe und Chiliöl vermischen und über das Schweinefleisch gießen. Mit Koriander garniert servieren.

Schweinebraten mit Ingwer

für 4 Personen

225 g / 8 oz mageres Schweinefleisch
5 ml / 1 TL Maismehl (Maisstärke)
30 ml / 2 EL Sojasauce
30 ml / 2 EL Erdnussöl
1 Scheibe Ingwerwurzel, gemahlen
1 Frühlingszwiebel (Zwiebel), in Scheiben geschnitten
45 ml / 3 EL Wasser
5 ml / 1 Teelöffel brauner Zucker

Das Schweinefleisch gegen die Faserrichtung in dünne Scheiben schneiden. Das Maismehl hinzufügen, mit Sojasauce beträufeln und erneut verrühren. Das Öl erhitzen und das Schweinefleisch 2 Minuten braten, bis es gar ist. Ingwer und Schnittlauch dazugeben und 1 Minute anbraten. Wasser und Zucker hinzufügen, abdecken und etwa 5 Minuten köcheln lassen, bis es gar ist.

Schweinefleisch mit grünen Bohnen

für 4 Personen
450 g / 1 Kilo grüne Bohnen, in Stücke geschnitten
30 ml / 2 EL Erdnussöl
2,5 ml / ½ TL Salz
1 Scheibe Ingwerwurzel, gemahlen
225 g mageres Schweinefleisch, gemahlen (gehackt)
120 ml / 4 fl oz / ½ Tasse Hühnerbrühe
75 ml / 5 EL Wasser
2 Eier
15 ml / 1 EL Maismehl (Maisstärke)

Kochen Sie die Bohnen etwa 2 Minuten lang und lassen Sie sie dann abtropfen. Das Öl erhitzen und Salz und Ingwer einige Sekunden anbraten. Schweinefleisch dazugeben und anbraten, bis es leicht gebräunt ist. Bohnen hinzufügen und 30 Sekunden lang mit Öl überzogen anbraten. Brühe hinzufügen, zum Kochen bringen, abdecken und 2 Minuten köcheln lassen. Die Eier mit 30 ml / 2 EL Wasser verquirlen und in einem Topf verrühren. Das restliche Wasser unter das Maismehl mischen. Wenn die Eier zu gerinnen beginnen, das Maismehl hinzufügen und kochen, bis die Mischung eindickt. Sofort servieren.

Schweineschinken und Tofu

für 4 Personen
4 getrocknete chinesische Pilze
5 ml / 1 TL Erdnussöl
100 g geräucherter Schinken, in Scheiben geschnitten
225 g Tofu, in Scheiben geschnitten
225 g / 8 oz mageres Schweinefleisch, in Scheiben geschnitten
15 ml / 1 EL Reiswein oder trockener Sherry
Salz und frisch gemahlener Pfeffer
1 Scheibe Ingwerwurzel, gemahlen
1 Frühlingszwiebel (Frühlingszwiebel), gehackt
10 ml / 2 TL Maismehl (Maisstärke)
30 ml / 2 EL Wasser

Die Pilze 30 Minuten in lauwarmem Wasser einweichen und abtropfen lassen. Die Stiele entfernen und die Spitzen halbieren. Eine hitzebeständige Schüssel mit Erdnussöl einfetten. Pilze, Schinken, Tofu und Schweinefleisch auf einen Teller legen und mit Schweinefleisch belegen. Mit Wein oder

Sherry, Salz und Pfeffer, Ingwer und Frühlingszwiebeln beträufeln. Abdecken und auf einem Rost über kochendem Wasser etwa 45 Minuten dämpfen, bis es weich ist. Lassen Sie die Sauce aus der Schüssel abtropfen, ohne die Zutaten zu vermischen. Fügen Sie ausreichend Wasser hinzu, um 250 ml / 8 fl oz / 1 Tasse zu ergeben. Maismehl und Wasser vermischen und in die Soße einrühren. In eine Schüssel geben und unter Rühren kochen, bis die Sauce blass und eingedickt ist.

Gebratene Schweinefleischspieße

für 4 Personen

450 g / 1 Kilo Schweinefilet, in dünne Scheiben geschnitten

100 g gekochter Schinken, in dünne Scheiben geschnitten

6 Wasserkastanien in dünne Scheiben geschnitten

30 ml / 2 EL Sojasauce

30 ml / 2 EL Weinessig

15 ml / 1 EL brauner Zucker

15 ml / 1 EL. Austernsauce

ein paar Tropfen Chiliöl

45 ml / 3 EL Maismehl (Maisstärke)

30 ml / 2 EL Reiswein oder trockener Sherry

2 geschlagene Eier

Frittieröl

Schweinefleisch, Schinken und Wasserkastanien abwechselnd auf kleine Spieße stecken. Sojasauce, Weinessig, Zucker,

Austernsauce und Chiliöl verrühren. Über die Spieße gießen, abdecken und 3 Stunden im Kühlschrank marinieren. Maismehl, Wein oder Sherry und Eier zu einer glatten, dicken Paste vermischen. Drehen Sie die Spieße im Teig, um sie zu bedecken. Das Öl erhitzen und die Spieße leicht goldbraun braten.

Schweinshaxe geschmort in roter Soße

für 4 Personen
1 großer Joint
1 l / 1½ pts / 4¼ Tassen kochendes Wasser
5 ml / 1 TL Salz
120 ml / 4 fl oz / ½ Tasse Weinessig
120 ml / 4 fl oz / ½ Tasse Sojasauce
45 ml / 3 EL Honig
5 ml / 1 Teelöffel Wacholderbeeren
5 ml / 1 Teelöffel Anis
5 ml / 1 TL Koriander
60 ml / 4 EL Erdnussöl
6 Frühlingszwiebeln (Frühlingszwiebeln), in Scheiben geschnitten
2 Karotten, in dünne Scheiben geschnitten

1 Stange Sellerie, in Scheiben geschnitten
45 ml / 3 EL. Hoisin Soße
30 ml / 2 EL. Mango-Chutney
75 ml / 5 EL Tomatenmark (Paste)
1 zerdrückte Knoblauchzehe
60 ml / 4 Esslöffel gehackter Schnittlauch

Kochen Sie die Haxe mit Wasser, Salz, Weinessig, 45 ml / 3 EL. Esslöffel Sojasauce, Honig und Gewürze. Das Gemüse dazugeben, erneut aufkochen lassen und zugedeckt etwa 1½ Stunden köcheln lassen, bis das Fleisch zart ist. Fleisch und Gemüse aus der Pfanne nehmen, das Fleisch vom Knochen lösen und würfeln. Das Öl erhitzen und das Fleisch goldbraun braten. Das Gemüse dazugeben und 5 Minuten anbraten. Restliche Sojasauce, Hoisinsauce, Chutney, Tomatenpüree und Knoblauch hinzufügen. Unter Rühren zum Kochen bringen und dann 3 Minuten kochen lassen. Mit Schnittlauch bestreut servieren.

mariniertes Schweinefleisch

für 4 Personen
450 g mageres Schweinefleisch
1 Scheibe Ingwerwurzel, gemahlen
1 zerdrückte Knoblauchzehe
90 ml / 6 EL Sojasauce
15 ml / 1 EL Reiswein oder trockener Sherry
45 ml / 3 EL Erdnussöl
1 Frühlingszwiebel (Zwiebel), in Scheiben geschnitten
15 ml / 1 EL brauner Zucker
frisch gemahlener Pfeffer

Schweinefleisch mit Ingwer, Knoblauch, 30 ml / 2 EL mischen. Sojasauce und Wein oder Sherry. Unter gelegentlichem Rühren 30 Minuten ruhen lassen, dann das Fleisch aus der Marinade nehmen. Das Öl erhitzen und das Schweinefleisch anbraten, bis es leicht gebräunt ist. Frühlingszwiebel, Zucker, restliche Sojasauce und eine Prise Paprika dazugeben und zugedeckt etwa 45 Minuten köcheln lassen, bis das Schweinefleisch zart ist. Das Schweinefleisch in Würfel schneiden und servieren.

Marinierte Schweinekoteletts

für 6

6 Schweinekoteletts
1 Scheibe Ingwerwurzel, gemahlen
1 zerdrückte Knoblauchzehe
90 ml / 6 EL Sojasauce
30 ml / 2 EL Reiswein oder trockener Sherry
45 ml / 3 EL Erdnussöl
2 Frühlingszwiebeln (Frühlingszwiebeln), gehackt
15 ml / 1 EL brauner Zucker
frisch gemahlener Pfeffer

Vom Schweinekotelett den Knochen abschneiden und das Fleisch in Würfel schneiden. Ingwer, Knoblauch, 30 ml / 2 EL Sojasauce und Wein oder Sherry vermischen, über das Schweinefleisch gießen und 30 Minuten lang marinieren, dabei gelegentlich umrühren. Das Fleisch aus der Marinade nehmen. Das Öl erhitzen und das Schweinefleisch anbraten, bis es leicht gebräunt ist. Die Zwiebeln dazugeben und 1 Minute anbraten. Den Rest der Sojasauce mit dem Zucker und einer Prise Pfeffer verrühren. Die Soße dazugeben, zum Kochen bringen, abdecken und etwa 30 Minuten köcheln lassen, bis das Schweinefleisch gar ist.

Schweinefleisch mit Pilzen

für 4 Personen
25 g getrocknete chinesische Pilze
30 ml / 2 EL Erdnussöl
1 gehackte Knoblauchzehe
8 oz/225 g mageres Schweinefleisch, in Scheiben geschnitten
4 Frühlingszwiebeln (Frühlingszwiebeln), gehackt
15 ml / 1 EL Sojasauce
15 ml / 1 EL Reiswein oder trockener Sherry
5 ml / 1 TL Sesamöl

Die Pilze 30 Minuten in lauwarmem Wasser einweichen und abtropfen lassen. Die Stiele entfernen und die Spitzen abschneiden. Das Öl erhitzen und den Knoblauch leicht goldbraun anbraten. Schweinefleisch hinzufügen und braten, bis es braun ist. Frühlingszwiebeln, Pilze, Sojasauce und Wein oder Sherry hinzufügen und 3 Minuten anbraten. Sesamöl hinzufügen und sofort servieren.

gedämpftes Hackfleisch

für 4 Personen
450 g Schweinehackfleisch (gehackt)
4 Wasserkastanien, gehackt
225 g / 8 oz Pilze, gehackt
5 ml / 1 TL Sojasauce
Salz und frisch gemahlener Pfeffer
1 Ei, leicht geschlagen

Alle Zutaten gut vermischen und die Masse in der Auflaufform zu einem flachen Kuchen formen. Stellen Sie das Gericht auf den Grill des Dampfgarers, decken Sie es ab und dämpfen Sie es 1 Stunde und 30 Minuten lang.

Rotes gekochtes Schweinefleisch mit Pilzen

für 4 Personen

450 g mageres Schweinefleisch, gewürfelt

250 ml / 8 Flüssigunzen / 1 Tasse Wasser

15 ml / 1 EL Sojasauce

15 ml / 1 EL Reiswein oder trockener Sherry

5 ml / 1 TL Zucker

5 ml / 1 TL Salz

225g Pilze

Geben Sie das Schweinefleisch und das Wasser in einen Topf und kochen Sie das Wasser. Abdecken und 30 Minuten köcheln lassen, dann abgießen und die Brühe auffangen. Geben Sie das Schweinefleisch wieder in die Pfanne und fügen Sie die Sojasauce hinzu. Bei schwacher Hitze unter Rühren kochen, bis die Sojasauce absorbiert ist. Wein oder Sherry, Zucker und Salz hinzufügen. Mit der beiseite gestellten Brühe aufgießen, zum Kochen bringen und zugedeckt etwa 30 Minuten köcheln lassen, dabei das Fleisch gelegentlich wenden. Die Pilze dazugeben und weitere 20 Minuten köcheln lassen.

Schweinepfannkuchen mit Nudeln

für 4 Personen
30 ml / 2 EL Erdnussöl
5 ml / 2 TL Salz
225 g mageres Schweinefleisch, in Streifen geschnitten
225 g / 8 oz Pak Choi, gehackt
100 g Bambussprossen, zerkleinert
100 g Champignons, in dünne Scheiben geschnitten

150 ml / ¼ pt / großzügige ½ Tasse Hühnerbrühe
10 ml / 2 TL Maismehl (Maisstärke)
15 ml / 1 EL Reiswein oder trockener Sherry
15 ml / 1 EL Wasser
Nudel-Crêpe

Öl erhitzen und Salz und Schweinefleisch darin anbraten, bis sie hell sind. Kohl, Bambussprossen und Pilze dazugeben und 1 Minute anbraten. Brühe hinzufügen, zum Kochen bringen, abdecken und 4 Minuten kochen, bis das Schweinefleisch zart ist. Maismehl mit Wein oder Sherry und Wasser zu einer Paste vermischen, in einen Topf gießen und unter Rühren kochen, bis die Sauce klarer wird und eindickt. Zum Servieren über die Pfannkuchennudeln gießen.

Schweinefleisch und Garnelen mit Nudelpfannkuchen

für 4 Personen
30 ml / 2 EL Erdnussöl
5 ml / 1 TL Salz
4 Frühlingszwiebeln (Frühlingszwiebeln), gehackt
1 zerdrückte Knoblauchzehe
225 g mageres Schweinefleisch, in Streifen geschnitten
100 g / 4 oz Pilze, in Scheiben geschnitten

4 Selleriestangen, in Scheiben geschnitten

225 g geschälte Garnelen

30 ml / 2 EL Sojasauce

10 ml / 1 TL Maismehl (Maisstärke)

45 ml / 3 EL Wasser

Nudel-Crêpe

Öl und Salz erhitzen und Zwiebel und Knoblauch darin anbraten, bis sie weich sind. Schweinefleisch dazugeben und anbraten, bis es leicht gebräunt ist. Pilze und Sellerie dazugeben und 2 Minuten anbraten. Garnelen hinzufügen, mit Sojasauce bestreuen und rühren, bis alles durchgewärmt ist. Maismehl und Wasser zu einer Paste verrühren, in einem Topf verrühren und unter Rühren heiß kochen. Zum Servieren über die Pfannkuchennudeln gießen.

Schweinefleisch in Austernsauce

Für 4-6 Portionen

450 g mageres Schweinefleisch

15 ml / 1 EL Maismehl (Maisstärke)

10 ml / 2 EL. Reiswein oder trockener Sherry

eine Prise Zucker

45 ml / 3 EL Erdnussöl

10 ml / 2 TL Wasser

30 ml / 2 EL Austernsauce

frisch gemahlener Pfeffer

1 Scheibe Ingwerwurzel, gemahlen

60 ml / 4 EL Hühnerbrühe

Das Schweinefleisch gegen die Faserrichtung in dünne Scheiben schneiden. Mischen Sie 5 ml / 1 EL. Maismehl mit Wein oder Sherry, Zucker und 5 ml / 1 TL. Öl hinzufügen, zum Schweinefleisch geben und gut umrühren. Restliche Maisstärke mit Wasser, Austernsauce und einer Prise Pfeffer verrühren. Restliches Öl erhitzen und den Ingwer 1 Minute anbraten. Schweinefleisch dazugeben und anbraten, bis es leicht gebräunt ist. Brühe und Wasser/Austernsauce hinzufügen, zum Kochen bringen, abdecken und 3 Minuten köcheln lassen.

Erdnussschweinefleisch

für 4 Personen

450 g mageres Schweinefleisch, gewürfelt

15 ml / 1 EL Maismehl (Maisstärke)

5 ml / 1 TL Salz

1 Eiweiß

3 Frühlingszwiebeln (Frühlingszwiebeln), gehackt

1 gehackte Knoblauchzehe

1 Scheibe Ingwerwurzel, gemahlen

45 ml / 3 EL Hühnerbrühe

15 ml / 1 EL Reiswein oder trockener Sherry

15 ml / 1 EL Sojasauce

10 ml / 2 Teelöffel schwarze Melasse

45 ml / 3 EL Erdnussöl

½ Gurke, gewürfelt

25 g / 1 oz / ¼ Tasse geschälte Erdnüsse

5 ml / 1 TL Chiliöl

Das Schweinefleisch mit der Hälfte der Maisstärke, Salz und Eiweiß vermischen und gut vermischen, um das Schweinefleisch zu bedecken. Restliches Maismehl mit Frühlingszwiebeln, Knoblauch, Ingwer, Brühe, Wein oder Sherry, Sojasauce und Melasse vermischen. Das Öl erhitzen und das Schweinefleisch anbraten, bis es leicht gebräunt ist, dann aus der Pfanne nehmen. Die Gurke in die Pfanne geben und einige Minuten anbraten. Geben Sie das Schweinefleisch wieder in die Pfanne und rühren Sie es vorsichtig um. Die Gewürzmischung hinzufügen, zum Kochen bringen und unter

Rühren kochen, bis die Sauce hell und eingedickt ist. Nüsse und Chiliöl hinzufügen und vor dem Servieren erhitzen.

Schweinefleisch mit Paprika

für 4 Personen

45 ml / 3 EL Erdnussöl

225 g mageres Schweinefleisch, gewürfelt

1 Zwiebel gewürfelt

2 grüne Paprika, gewürfelt

½ Kopf Chinablätter, gewürfelt

1 Scheibe Ingwerwurzel, gemahlen

15 ml / 1 EL Sojasauce

15 ml / 1 EL Zucker

2,5 ml / ½ TL Salz

Das Öl erhitzen und das Schweinefleisch etwa 4 Minuten braten, bis es braun ist. Die Zwiebel dazugeben und etwa 1 Minute anbraten. Die Paprika dazugeben und 1 Minute anbraten. Die Chinablätter dazugeben und 1 Minute anbraten. Die restlichen Zutaten vermischen, in die Pfanne geben und weitere 2 Minuten anbraten.

Würziges Schweinefleisch mit Gurken

für 4 Personen

900 g Schweinekoteletts

30 ml / 2 EL Maismehl (Maisstärke)
45 ml / 3 EL Sojasauce
30 ml / 2 EL süßer Sherry
5 ml / 1 TL geriebene Ingwerwurzel
2,5 ml / ½ TL Fünf-Gewürze-Pulver
eine Prise frisch gemahlener Pfeffer
Frittieröl
60 ml / 4 EL Hühnerbrühe
Chinesisches eingelegtes Gemüse

Schneiden Sie die Koteletts ab und entfernen Sie dabei sämtliches Fett und Knochen. Maismehl, 30 ml / 2 EL Sojasauce, Sherry, Ingwer, Fünf-Gewürze-Pulver und Pfeffer vermischen. Über das Schweinefleisch gießen und zum Überziehen wenden. Abdecken und 2 Stunden marinieren, dabei gelegentlich wenden. Erhitzen Sie das Öl und braten Sie das Schweinefleisch an, bis es braun und durchgegart ist. Auf Papiertüchern abtropfen lassen. Das Schweinefleisch in dicke Scheiben schneiden, auf eine warme Servierplatte legen und warm halten. Brühe und restliche Sojasauce in einem kleinen Topf vermischen. Zum Kochen bringen und über die Schweinefleischscheiben gießen. Mit der Gurkenmischung garniert servieren.

Schweinefleisch in Pflaumensauce

für 4 Personen

450 g / 1 Pfund geschmortes Schweinefleisch, gewürfelt

2 Knoblauchzehen, gehackt

Salz

60 ml / 4 Esslöffel Tomatensauce (Ketchup)

30 ml / 2 EL Sojasauce

45 ml / 3 EL. Pflaumensauce

5 ml / 1 TL Currypulver

5 ml / 1 TL Paprika

2,5 ml / ½ TL frisch gemahlener Pfeffer

45 ml / 3 EL Erdnussöl

6 Frühlingszwiebeln (Frühlingszwiebeln), in Streifen geschnitten

4 Karotten in Streifen schneiden

Das Fleisch mit Knoblauch, Salz, Tomatensauce, Sojasauce, Pflaumensauce, Currypulver, Paprika und Pfeffer 30 Minuten marinieren. Das Öl erhitzen und das Fleisch anbraten, bis es leicht gebräunt ist. Aus dem Wok nehmen. Das Gemüse zum Öl geben und anbraten, bis es gar ist. Geben Sie das Fleisch wieder in die Pfanne und erhitzen Sie es vor dem Servieren vorsichtig.

Schweinefleisch mit Garnelen

Für 6 bis 8 Personen
900 g mageres Schweinefleisch
30 ml / 2 EL Erdnussöl
1 geschnittene Zwiebel
1 Frühlingszwiebel (Frühlingszwiebel), gehackt
2 Knoblauchzehen, gehackt
30 ml / 2 EL Sojasauce
50 g geschälte Garnelen, gehackt
(Normalerweise ich)
600 ml / 1pt / 2½ Tassen kochendes Wasser
15 ml / 1 EL Zucker

Einen Topf mit Wasser zum Kochen bringen, das Schweinefleisch hinzufügen, abdecken und 10 Minuten köcheln lassen. Aus der Pfanne nehmen, gut abtropfen lassen und in Würfel schneiden. Das Öl erhitzen und die Zwiebel, die Frühlingszwiebel und den Knoblauch anbraten, bis sie leicht gebräunt sind. Schweinefleisch dazugeben und anbraten, bis es leicht gebräunt ist. Sojasauce und Garnelen hinzufügen und 1

Minute anbraten. Kochendes Wasser und Zucker hinzufügen, abdecken und etwa 40 Minuten köcheln lassen, bis das Schweinefleisch gar ist.

rot gekochtes Schweinefleisch

für 4 Personen

675 g / 1½ Pfund mageres Schweinefleisch, gewürfelt

250 ml / 8 Flüssigunzen / 1 Tasse Wasser

1 Scheibe Ingwerwurzel, gemahlen

60 ml / 4 EL Sojasauce

15 ml / 1 EL Reiswein oder trockener Sherry

5 ml / 1 TL Salz

10 ml / 2 Teelöffel brauner Zucker

Geben Sie das Schweinefleisch und das Wasser in einen Topf und kochen Sie das Wasser. Ingwer, Sojasauce, Sherry und Salz hinzufügen, abdecken und 45 Minuten köcheln lassen. Den Zucker hinzufügen, das Fleisch umdrehen, abdecken und weitere 45 Minuten köcheln lassen, bis das Schweinefleisch gar ist.

Schweinefleisch in roter Soße

für 4 Personen

30 ml / 2 EL Erdnussöl

225 g Schweinenieren, in Streifen geschnitten

450 g / 1 Pfund Schweinefleisch, in Streifen geschnitten

1 geschnittene Zwiebel

4 Frühlingszwiebeln (Frühlingszwiebeln), in Streifen geschnitten

2 Karotten, in Streifen schneiden

1 Selleriestange, in Streifen geschnitten

1 rote Paprika in Streifen schneiden

45 ml / 3 EL Sojasauce

45 ml / 3 EL trockener Weißwein

300 ml / ½ pt / 1¼ Tasse Hühnerbrühe

30 ml / 2 EL. Pflaumensauce

30 ml / 2 EL Weinessig

5 ml / 1 TL Fünf-Gewürze-Pulver
5 ml / 1 Teelöffel brauner Zucker
15 ml / 1 EL Maismehl (Maisstärke)
15 ml / 1 EL Wasser

Das Öl erhitzen und die Nieren 2 Minuten lang anbraten, dann aus der Pfanne nehmen. Das Öl erneut erhitzen und das Schweinefleisch anbraten, bis es leicht gebräunt ist. Das Gemüse dazugeben und 3 Minuten anbraten. Sojasauce, Wein, Brühe, Pflaumensauce, Weinessig, Fünf-Gewürze-Pulver und Zucker hinzufügen, zum Kochen bringen, abdecken und 30 Minuten köcheln lassen, bis sie weich sind. Die Nieren hinzufügen. Maismehl und Wasser vermischen und im Topf verrühren. Zum Kochen bringen und unter Rühren kochen, bis die Soße eindickt.

Schweinefleisch mit Reisnudeln

für 4 Personen

4 getrocknete chinesische Pilze

100 g Reisnudeln

225 g mageres Schweinefleisch, in Streifen geschnitten

15 ml / 1 EL Maismehl (Maisstärke)

15 ml / 1 EL Sojasauce

15 ml / 1 EL Reiswein oder trockener Sherry

45 ml / 3 EL Erdnussöl

2,5 ml / ½ TL Salz

1 Scheibe Ingwerwurzel, gemahlen

2 Selleriestangen, gehackt

120 ml / 4 fl oz / ½ Tasse Hühnerbrühe

2 Frühlingszwiebeln (Frühlingszwiebeln), in Scheiben geschnitten

Die Pilze 30 Minuten in lauwarmem Wasser einweichen und abtropfen lassen. Die Stiele entfernen und die Spitzen abschneiden. Die Nudeln 30 Minuten in lauwarmem Wasser einweichen, abgießen und in 5/2 cm große Stücke schneiden. Das Schweinefleisch in eine Schüssel geben. Maismehl, Sojasauce und Wein oder Sherry vermischen, über das Schweinefleisch gießen und vermengen. Das Öl erhitzen und Salz und Ingwer einige Sekunden anbraten. Schweinefleisch dazugeben und anbraten, bis es leicht gebräunt ist. Pilze und Sellerie dazugeben und 1 Minute anbraten. Brühe hinzufügen, zum Kochen bringen, abdecken und 2 Minuten köcheln lassen. Die Nudeln dazugeben und 2 Minuten erhitzen. Schnittlauch dazugeben und sofort servieren.

leckere Schweinefleischknödel

für 4 Personen

450 g Schweinehackfleisch (gehackt)

100 g Tofu, gehackt

4 Wasserkastanien, gehackt

Salz und frisch gemahlener Pfeffer

120 ml / 4 fl oz / ½ Tasse Erdnussöl (Erdnuss)

1 Scheibe Ingwerwurzel, gemahlen

600 ml / 1pt / 2½ Tassen Hühnerbrühe

15 ml / 1 EL Sojasauce

5 ml / 1 Teelöffel brauner Zucker

5 ml / 1 TL Reiswein oder trockener Sherry

Schweinefleisch, Tofu und Kastanien vermischen und mit Salz und Pfeffer würzen. Große Kugeln formen. Erhitzen Sie das Öl und braten Sie die Schweinefleischbällchen an, bis sie von allen Seiten braun sind. Nehmen Sie sie dann aus der Pfanne. Lassen Sie alles bis auf 15 ml/1 EL Öl ab und fügen Sie Ingwer, Brühe, Sojasauce, Zucker und Wein oder Sherry hinzu. Die Schweinefleischbällchen wieder in die Pfanne geben, zum Kochen bringen und 20 Minuten kochen lassen, bis sie gar sind.

Gegrillte Schweinekoteletts

für 4 Personen

4 Schweinekoteletts

75 ml / 5 EL Sojasauce

Frittieröl

100 g Selleriestangen

3 Frühlingszwiebeln (Frühlingszwiebeln), gehackt
1 Scheibe Ingwerwurzel, gemahlen
15 ml / 1 EL Reiswein oder trockener Sherry
120 ml / 4 fl oz / ½ Tasse Hühnerbrühe
Salz und frisch gemahlener Pfeffer
5 ml / 1 TL Sesamöl

Schweinekoteletts in Sojasauce tauchen, bis sie gut bedeckt sind. Das Öl erhitzen und die Koteletts goldbraun braten. Herausnehmen und gut abtropfen lassen. Legen Sie den Sellerie auf den Boden einer flachen Auflaufform. Mit Frühlingszwiebeln und Ingwer bestreuen und die Schweinekoteletts darauf legen. Wein oder Sherry und Brühe darübergießen und mit Salz und Pfeffer würzen. Sesamöl darüber streuen. Im vorgeheizten Backofen bei 200°C/400°C/Thermostat 6 15 Minuten backen.

gewürztes Schweinefleisch

für 4 Personen
1 Gurke gewürfelt
Salz
450 g mageres Schweinefleisch, gewürfelt
5 ml / 1 TL Salz

45 ml / 3 EL Sojasauce

30 ml / 2 EL Reiswein oder trockener Sherry

30 ml / 2 EL Maismehl (Maisstärke)

15 ml / 1 EL brauner Zucker

60 ml / 4 EL Erdnussöl

1 Scheibe Ingwerwurzel, gemahlen

1 gehackte Knoblauchzehe

1 rote Paprika, entkernt und gemahlen

60 ml / 4 EL Hühnerbrühe

Die Gurke mit Salz bestreuen und beiseite stellen. Schweinefleisch, Salz, 15 ml / 1 EL mischen. Sojasauce, 15 ml / 1 EL. Wein oder Sherry, 15 ml / 1 EL. Maismehl, brauner Zucker und 15 ml / 1 EL. Ölsuppe. 30 Minuten ruhen lassen, dann das Fleisch aus der Marinade nehmen. Das restliche Öl erhitzen und das Schweinefleisch anbraten, bis es leicht gebräunt ist. Ingwer, Knoblauch und Chili dazugeben und 2 Minuten anbraten. Die Gurke dazugeben und 2 Minuten anbraten. Brühe und restliche Sojasauce, Wein oder Sherry und Maismehl mit Marinade vermischen. In den Topf geben und unter Rühren zum Kochen bringen. Unter Rühren köcheln lassen, bis die Soße klar wird und eindickt.

Rutschige Schweinefleischscheiben

für 4 Personen

225 g / 8 oz mageres Schweinefleisch, in Scheiben geschnitten
2 Eiweiß
15 ml / 1 EL Maismehl (Maisstärke)
45 ml / 3 EL Erdnussöl
50 g Bambussprossen, in Scheiben geschnitten
6 Frühlingszwiebeln (Frühlingszwiebeln), gehackt
2,5 ml / ½ TL Salz
15 ml / 1 EL Reiswein oder trockener Sherry
150 ml / ¼ pt / großzügige ½ Tasse Hühnerbrühe

Schweinefleisch mit Eiweiß und Maisstärke vermengen, bis es gut bedeckt ist. Das Öl erhitzen und das Schweinefleisch anbraten, bis es leicht gebräunt ist, dann aus der Pfanne nehmen. Bambussprossen und Frühlingszwiebeln dazugeben und 2 Minuten anbraten. Geben Sie das Schweinefleisch mit Salz, Wein oder Sherry und Hühnerbrühe wieder in die Pfanne. Zum Kochen bringen und 4 Minuten unter Rühren kochen, bis das Schweinefleisch gar ist.

Schweinefleisch mit Spinat und Karotten

für 4 Personen

225 g / 8 oz mageres Schweinefleisch

2 Karotten, in Streifen schneiden

225 g Spinat

45 ml / 3 EL Erdnussöl

1 Frühlingszwiebel (Frühlingszwiebel), gehackt

15 ml / 1 EL Sojasauce

2,5 ml / ½ TL Salz

10 ml / 2 TL Maismehl (Maisstärke)

30 ml / 2 EL Wasser

Das Schweinefleisch dünn gegen die Faser aufschneiden und dann in Streifen schneiden. Kochen Sie die Karotten etwa 3 Minuten lang und lassen Sie sie dann abtropfen. Die Spinatblätter halbieren. Das Öl erhitzen und die Zwiebel darin glasig dünsten. Schweinefleisch dazugeben und anbraten, bis es leicht gebräunt ist. Karotten und Sojasauce hinzufügen und 1 Minute anbraten. Salz und Spinat hinzufügen und etwa 30 Sekunden lang anbraten, bis es anfängt, weich zu werden. Maismehl und Wasser zu einer Paste vermischen, mit der Soße vermischen und braten, bis sie klar ist, und sofort servieren.

gedämpftes Schweinefleisch

für 4 Personen

450 g mageres Schweinefleisch, gewürfelt

120 ml / 4 fl oz / ½ Tasse Sojasauce

120 ml / 4 fl oz / ½ Tasse Reiswein oder trockener Sherry

15 ml / 1 EL brauner Zucker

Alle Zutaten vermischen und in einen hitzebeständigen Behälter geben. Auf einem Kuchengitter über kochendem Wasser etwa 1½ Stunden köcheln lassen, bis es weich ist.

Schweinebraten

für 4 Personen

25 g getrocknete chinesische Pilze
15 ml / 1 EL Erdnussöl
450 g mageres Schweinefleisch, in Scheiben geschnitten
1 grüne Paprika, gewürfelt
15 ml / 1 EL Sojasauce
15 ml / 1 EL Reiswein oder trockener Sherry
5 ml / 1 TL Salz
5 ml / 1 TL Sesamöl

Die Pilze 30 Minuten in lauwarmem Wasser einweichen und abtropfen lassen. Die Stiele entfernen und die Spitzen abschneiden. Das Öl erhitzen und das Schweinefleisch anbraten, bis es leicht gebräunt ist. Paprika dazugeben und 1 Minute anbraten. Pilze, Sojasauce, Wein oder Sherry und Salz hinzufügen und einige Minuten anbraten, bis das Fleisch gar ist. Vor dem Servieren Sesamöl hinzufügen.

Schweinefleisch mit Süßkartoffeln

für 4 Personen

Frittieröl

2 große Süßkartoffeln, in Scheiben geschnitten

30 ml / 2 EL Erdnussöl

1 Scheibe Ingwerwurzel, in Scheiben geschnitten

1 geschnittene Zwiebel

450 g mageres Schweinefleisch, gewürfelt

15 ml / 1 EL Sojasauce

2,5 ml / ½ TL Salz

frisch gemahlener Pfeffer

250 ml / 8 fl oz / 1 Tasse Hühnerbrühe

30 ml / 2 EL Currypulver

Das Öl erhitzen und die Süßkartoffeln goldbraun braten. Aus der Pfanne nehmen und gut abtropfen lassen. Erdnussöl erhitzen und Ingwer und Zwiebel anbraten, bis sie leicht gebräunt sind. Schweinefleisch dazugeben und anbraten, bis es leicht gebräunt ist. Sojasauce, Salz und eine Prise Pfeffer dazugeben, dann Brühe und Currypulver dazugeben, aufkochen und unter Rühren 1 Minute köcheln lassen. Die

Kartoffeln hinzufügen, abdecken und 30 Minuten köcheln lassen, bis das Schweinefleisch gar ist.

Schweinefleisch süß-sauer

für 4 Personen
450 g mageres Schweinefleisch, gewürfelt
15 ml / 1 EL Reiswein oder trockener Sherry
15 ml / 1 EL Erdnussöl
5 ml / 1 TL Currypulver
1 geschlagenes Ei
Salz
100 g / 4 oz Maismehl (Maizena)
Frittieröl
1 zerdrückte Knoblauchzehe
75 g / 3 oz / ½ Tasse Zucker
50 g / 2 oz Tomatensauce (Ketchup)
5 ml / 1 Teelöffel Weinessig
5 ml / 1 TL Sesamöl

Das Schweinefleisch mit Wein oder Sherry, Öl, Currypulver, Ei und etwas Salz vermischen. Maismehl hinzufügen, bis das Schweinefleisch mit Teig bedeckt ist. Das Öl erhitzen, bis es kocht, dann die Schweinefleischwürfel ein paar Mal dazugeben. Etwa 3 Minuten kochen lassen, abtropfen lassen und beiseite stellen. Das Öl erneut erhitzen und die Würfel etwa 2 Minuten braten. Herausnehmen und abtropfen lassen. Knoblauch, Zucker, Tomatensauce und Weinessig unter Rühren erhitzen, bis sich der Zucker auflöst. Zum Kochen bringen, dann die Schweinefleischwürfel dazugeben und gut vermischen. Sesamöl hinzufügen und servieren.

Pökelfleisch

für 4 Personen

30 ml / 2 EL Erdnussöl

450 g mageres Schweinefleisch, gewürfelt

3 Frühlingszwiebeln (Frühlingszwiebeln), in Scheiben geschnitten

2 Knoblauchzehen, gehackt

1 Scheibe Ingwerwurzel, gemahlen

250 ml / 8 fl oz / 1 Tasse Sojasauce

30 ml / 2 EL Reiswein oder trockener Sherry

30 ml / 2 EL brauner Zucker

5 ml / 1 TL Salz

600 ml / 1pt / 2½ Tassen Wasser

Das Öl erhitzen und das Schweinefleisch anbraten, bis es braun ist. Überschüssiges Öl abgießen, Frühlingszwiebeln, Knoblauch und Ingwer dazugeben und 2 Minuten anbraten. Sojasauce, Wein oder Sherry, Zucker und Salz hinzufügen und gut vermischen. Wasser hinzufügen, zum Kochen bringen, abdecken und 1 Stunde kochen lassen.

Schweinefleisch mit Tofu

für 4 Personen

450 g mageres Schweinefleisch

45 ml / 3 EL Erdnussöl

1 geschnittene Zwiebel

1 zerdrückte Knoblauchzehe

225 g / 8 oz gewürfelter Tofu

375 ml / 13 fl oz / 1½ Tasse Hühnerbrühe

15 ml / 1 EL brauner Zucker

60 ml / 4 EL Sojasauce

2,5 ml / ½ TL Salz

Das Schweinefleisch in den Topf geben und mit Wasser bedecken. Zum Kochen bringen und dann 5 Minuten köcheln lassen. Abgießen und abkühlen lassen, dann in Würfel schneiden.

Das Öl erhitzen und die Zwiebel und den Knoblauch anbraten, bis sie leicht gebräunt sind. Schweinefleisch dazugeben und anbraten, bis es leicht gebräunt ist. Tofu dazugeben und vorsichtig schwenken, bis er mit Öl bedeckt ist. Brühe, Zucker, Sojasauce und Salz hinzufügen, zum Kochen bringen, abdecken und etwa 40 Minuten köcheln lassen, bis das Schweinefleisch gar ist.

frittiertes Schweinefleisch

für 4 Personen
225 g gewürfeltes Schweinefilet
1 Eiweiß
30 ml / 2 EL Reiswein oder trockener Sherry
Salz
225 g / 8 oz Maismehl (Maizena)
Frittieröl

Mischen Sie das Schweinefleisch mit Eiweiß, Wein oder Sherry und etwas Salz. Nach und nach so viel Maismehl hinzufügen, dass eine dicke Paste entsteht. Erhitzen Sie das Öl und braten Sie das Schweinefleisch an, bis es außen braun und knusprig und innen zart ist.

zweimal gekochtes Schweinefleisch

für 4 Personen

225 g / 8 oz mageres Schweinefleisch
45 ml / 3 EL Erdnussöl
2 grüne Paprika, in Stücke geschnitten
2 zerdrückte Knoblauchzehen
2 Frühlingszwiebeln (Frühlingszwiebeln), in Scheiben geschnitten
15 ml / 1 EL. Esslöffel scharfe Bohnensauce
15 ml / 1 EL Hühnerbrühe
5 ml / 1 TL Zucker

Das Schweinekotelett in die Pfanne geben, mit Wasser bedecken, zum Kochen bringen und 20 Minuten kochen lassen, bis es gar ist. Herausnehmen, abtropfen lassen und abkühlen lassen. In dünne Scheiben schneiden.

Das Öl erhitzen und das Schweinefleisch anbraten, bis es leicht gebräunt ist. Paprika, Knoblauch und Frühlingszwiebeln hinzufügen und 2 Minuten anbraten. Aus der Form nehmen. Bohnensauce, Brühe und Zucker in die Pfanne geben und unter Rühren 2 Minuten kochen lassen. Geben Sie Schweinefleisch und Paprika zurück und braten Sie es an, bis es durchgewärmt ist. Sofort servieren.

Schweinefleisch mit Gemüse

für 4 Personen

2 Knoblauchzehen, gehackt

5 ml / 1 TL Salz

2,5 ml / ½ TL frisch gemahlener Pfeffer

30 ml / 2 EL Erdnussöl

30 ml / 2 EL Sojasauce

225 g Brokkoliröschen

200 g Blumenkohl

1 rote Paprika, gewürfelt

1 gehackte Zwiebel

2 Orangen, geschält und gewürfelt

1 Stück Ingwer, gehackt

30 ml / 2 EL Maismehl (Maisstärke)

300 ml / ½pt / 1¼ Tasse Wasser

20 ml / 2 EL Weinessig
15 ml / 1 EL Honig
eine Prise gemahlener Ingwer
2,5 ml / ½ TL Kreuzkümmel

Knoblauch, Salz und Pfeffer in das Fleisch hacken. Das Öl erhitzen und das Fleisch anbraten, bis es leicht gebräunt ist. Aus der Form nehmen. Sojasauce und Gemüse in die Pfanne geben und braten, bis alles gar, aber noch knusprig ist. Orangen und Ingwer hinzufügen. Maismehl und Wasser vermischen und im Topf mit Weinessig, Honig, Ingwer und Kreuzkümmel vermischen. Zum Kochen bringen und unter Rühren 2 Minuten kochen lassen. Geben Sie das Schweinefleisch wieder in die Pfanne und erhitzen Sie es vor dem Servieren erneut.

Schweinefleisch mit Walnüssen

für 4 Personen

50 g / 2 oz / ½ Tasse Walnüsse

225 g mageres Schweinefleisch, in Streifen geschnitten

30 ml / 2 EL. Allzweckmehl

30 ml / 2 EL brauner Zucker

30 ml / 2 EL Sojasauce

Frittieröl

15 ml / 1 EL Erdnussöl

Die Walnüsse in kochendem Wasser 2 Minuten kochen und abtropfen lassen. Das Schweinefleisch mit Mehl, Zucker und 15 ml/1 EL Sojasauce vermengen, bis es gut bedeckt ist. Das Öl erhitzen und das Schweinefleisch knusprig und goldbraun braten. Auf Papiertüchern abtropfen lassen. Das Erdnussöl erhitzen und die Nüsse goldbraun braten. Schweinefleisch in die Pfanne geben, mit der restlichen Sojasauce bestreuen und anbraten, bis es durchgeheizt ist.

Schweinefleisch-Ravioli

für 4 Personen

450 g Schweinehackfleisch (gehackt)
1 Frühlingszwiebel (Frühlingszwiebel), gehackt
225 g gemischtes Gemüse, gehackt
30 ml / 2 EL Sojasauce
5 ml / 1 TL Salz
40 Wan-Tan-Häute
Frittieröl

Eine Pfanne erhitzen und das Schweinefleisch und die Frühlingszwiebeln anbraten, bis sie leicht gebräunt sind. Vom Herd nehmen und das Gemüse, die Sojasauce und das Salz hinzufügen.

Um die Wontons zu falten, halten Sie die Haut in der linken Handfläche und geben Sie etwas Füllung in die Mitte. Befeuchten Sie die Ränder mit Ei, falten Sie die Haut zu einem Dreieck und verschließen Sie die Ränder. Die Ecken mit dem Ei befeuchten und verdrehen.

Das Öl erhitzen und die Wontons nacheinander goldbraun braten. Vor dem Servieren gut abtropfen lassen.

Schweinefleisch mit Wasserkastanien

für 4 Personen

45 ml / 3 EL Erdnussöl

1 zerdrückte Knoblauchzehe

1 Frühlingszwiebel (Frühlingszwiebel), gehackt

1 Scheibe Ingwerwurzel, gemahlen

225 g mageres Schweinefleisch, in Streifen geschnitten

100 g dünn geschnittene Wasserkastanien

45 ml / 3 EL Sojasauce

15 ml / 1 EL Reiswein oder trockener Sherry

5 ml / 1 TL Maismehl (Maisstärke)

Das Öl erhitzen und Knoblauch, Frühlingszwiebel und Ingwer anbraten, bis sie leicht gebräunt sind. Fügen Sie das Schweinefleisch hinzu und kochen Sie es 10 Minuten lang, bis es braun ist. Die Wasserkastanien dazugeben und 3 Minuten anbraten. Die restlichen Zutaten hinzufügen und 3 Minuten anbraten.

Wontons mit Schweinefleisch und Garnelen

für 4 Personen

225g Schweinehackfleisch (gehackt)

2 Frühlingszwiebeln (Frühlingszwiebeln), gehackt

100 g gemischtes Gemüse, gehackt

100 g gehackte Pilze

225 g geschälte Garnelen, gehackt

15 ml / 1 EL Sojasauce

2,5 ml / ½ TL Salz

40 Wan-Tan-Häute

Frittieröl

Eine Pfanne erhitzen und das Schweinefleisch und die Frühlingszwiebeln anbraten, bis sie leicht gebräunt sind. Die restlichen Zutaten vermischen.

Um die Wontons zu falten, halten Sie die Haut in der linken Handfläche und geben Sie etwas Füllung in die Mitte. Befeuchten Sie die Ränder mit Ei, falten Sie die Haut zu einem

Dreieck und verschließen Sie die Ränder. Die Ecken mit dem Ei befeuchten und verdrehen.

Das Öl erhitzen und die Wontons nacheinander goldbraun braten. Vor dem Servieren gut abtropfen lassen.

gedämpfte Puderzuckerbrötchen

für 4 Personen
2 Knoblauchzehen, gehackt
2,5 ml / ½ TL Salz
450 g Schweinehackfleisch (gehackt)
1 gehackte Zwiebel
1 rote Paprika, gehackt
1 grüne Paprika, gehackt
2 Stangen Ingwer, gehackt
5 ml / 1 TL Currypulver
5 ml / 1 TL Paprika
1 geschlagenes Ei
45 ml / 3 EL Maismehl (Maisstärke)
50 g Rundkornreis
Salz und frisch gemahlener Pfeffer
60 ml / 4 Esslöffel gehackter Schnittlauch

Knoblauch, Salz, Schweinefleisch, Zwiebel, Paprika, Ingwer, Currypulver und Paprika vermischen. Ei zur Mischung mit Maisstärke und Reis hinzufügen. Mit Salz und Pfeffer würzen und mit den Frühlingszwiebeln vermischen. Aus der Masse mit nassen Händen Kugeln formen. Legen Sie sie in einen Dampfgareinsatz, decken Sie sie ab und kochen Sie sie 20 Minuten lang in kochendem Wasser, bis sie weich sind.

Rippchen in schwarzer Bohnensauce

für 4 Personen

900 g Schweinelende

2 Knoblauchzehen, gehackt

2 Frühlingszwiebeln (Frühlingszwiebeln), gehackt

30 ml / 2 EL schwarze Bohnensauce

30 ml / 2 EL Reiswein oder trockener Sherry

15 ml / 1 EL Wasser

30 ml / 2 EL Sojasauce

15 ml / 1 EL Maismehl (Maisstärke)

5 ml / 1 TL Zucker

120 ml / 4 Flüssigunzen ½ Tasse Wasser

30 ml / 2 EL Öl

2,5 ml / ½ TL Salz

120 ml / 4 fl oz / ½ Tasse Hühnerbrühe

Die Schweinekoteletts in 2,5 cm große Stücke schneiden. Knoblauch, Frühlingszwiebeln, schwarze Bohnensauce, Wein oder Sherry, Wasser und 15 ml / 1 EL Sojasauce vermischen. Restliche Sojasauce mit Maismehl, Zucker und Wasser verrühren. Öl und Salz erhitzen und die Schweinekoteletts goldbraun braten. Lassen Sie das Öl ab. Die

Knoblauchmischung hinzufügen und 2 Minuten kochen lassen. Brühe hinzufügen, zum Kochen bringen, abdecken und 4 Minuten kochen lassen. Die Maismehlmischung hinzufügen und unter Rühren kochen, bis die Sauce blass und eingedickt ist.

gegrillte Rippchen

für 4 Personen

3 Knoblauchzehen, gehackt

75 ml / 5 EL Sojasauce

60 ml / 4 EL. Hoisin Soße

60 ml / 4 EL Reiswein oder trockener Sherry

45 ml / 3 EL brauner Zucker

30 ml / 2 EL Tomatenmark (Paste)

900 g Schweinelende

15 ml / 1 EL Honig

Knoblauch, Sojasauce, Hoisinsauce, Wein oder Sherry, braunen Zucker und Tomatenpüree vermischen, über die Rippchen gießen, abdecken und über Nacht marinieren.

Lassen Sie die Rippchen abtropfen und legen Sie sie auf einen Rost in einer Pfanne mit etwas Wasser darunter. Im vorgeheizten Backofen bei 180 °C/Thermostat 4 45 Minuten backen, dabei gelegentlich mit der Marinade begießen und 2 EL/30 ml der Marinade aufheben. Die beiseite gestellte Marinade mit dem Honig vermischen und die Rippchen bestreichen. Unter einem heißen Grill etwa 10 Minuten grillen oder grillen (rösten).

Geröstete Ahornrippen

für 4 Personen

900 g Schweinelende
60 ml / 4 Esslöffel Ahornsirup
5 ml / 1 TL Salz
5 ml / 1 TL Zucker
45 ml / 3 EL Sojasauce
15 ml / 1 EL Reiswein oder trockener Sherry
1 zerdrückte Knoblauchzehe

Die Schweinekoteletts in 5/2 cm große Stücke schneiden und in eine Schüssel geben. Alle Zutaten vermischen, die Rippchen dazugeben und gut vermischen. Abdecken und über Nacht marinieren lassen. Bei mittlerer Hitze etwa 30 Minuten backen (braten) oder grillen.

gebratene Schweinerippchen

für 4 Personen

900 g Schweinelende

120 ml / 4 fl oz / ½ Tasse Tomatensauce (Ketchup)

120 ml / 4 fl oz / ½ Tasse Weinessig

60 ml / 4 EL. Mango-Chutney

45 ml / 3 EL. Esslöffel Reiswein oder trockener Sherry

2 zerdrückte Knoblauchzehen

5 ml / 1 TL Salz

45 ml / 3 EL Sojasauce

30 ml / 2 EL Honig

15 ml / 1 EL mildes Currypulver

15 ml / 1 EL Paprika

Frittieröl

60 ml / 4 Esslöffel gehackter Schnittlauch

Die Schweinekoteletts in eine Schüssel geben. Alle Zutaten bis auf das Öl und den Schnittlauch vermischen, über die Schweinerippchen gießen, abdecken und mindestens 1 Stunde marinieren lassen. Das Öl erhitzen und die Rippchen knusprig braten. Mit Schnittlauch bestreut servieren.

Lauchrippen

für 4 Personen

450 g Schweinerippchen

Frittieröl

250 ml / 8 Flüssigunzen / 1 Tasse Brühe

30 ml / 2 Esslöffel Tomatensauce (Ketchup)

2,5 ml / ½ TL Salz

2,5 ml / ½ TL Zucker

2 Lauch, in Stücke geschnitten

6 Frühlingszwiebeln (Frühlingszwiebeln), in Stücke geschnitten

50 g Brokkoliröschen

5 ml / 1 TL Sesamöl

Die Schweinerippchen in 5–2 cm große Stücke schneiden, das Öl erhitzen und die Rippchen anbraten, bis sie anfangen zu bräunen. Nehmen Sie sie aus der Pfanne und gießen Sie alles bis auf 30 ml bzw. 2 EL Öl hinein. Brühe, Tomatensauce, Salz und Zucker hinzufügen, aufkochen und 1 Minute kochen lassen. Die Rippchen wieder in die Pfanne geben und etwa 20 Minuten köcheln lassen, bis sie gar sind.

In der Zwischenzeit weitere 30 ml / 2 EL Öl erhitzen und Lauch, Frühlingszwiebeln und Brokkoli etwa 5 Minuten anbraten. Sesamöl darüber streuen und auf einem warmen Servierteller anrichten. Die Rippchen und die Soße in die Mitte geben und servieren.

Rippchen mit Pilzen

Für 4-6 Portionen
6 getrocknete chinesische Pilze
900 g Schweinelende
2 Sternaniskapseln
45 ml / 3 EL Sojasauce
5 ml / 1 TL Salz
15 ml / 1 EL Maismehl (Maisstärke)

Die Pilze 30 Minuten in lauwarmem Wasser einweichen und abtropfen lassen. Die Stiele entfernen und die Spitzen abschneiden. Die Schweinekoteletts in 5/2 cm große Stücke schneiden. Einen Topf mit Wasser zum Kochen bringen, die Rippchen hinzufügen und 15 Minuten köcheln lassen. Gut abtropfen lassen. Die Rippchen wieder in die Pfanne geben und mit kaltem Wasser bedecken. Pilze, Sternanis, Sojasauce und Salz hinzufügen. Zum Kochen bringen, abdecken und etwa 45 Minuten köcheln lassen, bis das Fleisch zart ist. Das Maismehl mit etwas kaltem Wasser vermischen, im Topf umrühren und unter Rühren kochen, bis die Soße klar wird und eindickt.

Orange Rippen

für 4 Personen
900 g Schweinelende
5 ml / 1 TL geriebener Käse
5 ml / 1 TL Maismehl (Maisstärke)
45 ml / 3 EL. Esslöffel Reiswein oder trockener Sherry
Salz
Frittieröl
15 ml / 1 EL Wasser
2,5 ml / ½ TL Zucker
15 ml / 1 EL Tomatenmark (Paste)
2,5 ml / ½ TL Chilisauce
abgeriebene Schale von 1 Orange
1 Orange, in Scheiben geschnitten

Die Schweinekoteletts in Stücke schneiden und Käse, Maisstärke, 5 ml/1 TL Wein oder Sherry und eine Prise Salz untermischen. 30 Minuten marinieren lassen. Das Öl erhitzen und die Rippchen darin etwa 3 Minuten goldbraun braten. 15 ml / 1 EL Öl in einem Wok erhitzen, Wasser, Zucker, Tomatenpüree, Chilisauce, Orangenschale und restlichen Wein oder Sherry hinzufügen und bei Hitze 2 Minuten weich rühren. Schweinefleisch hinzufügen und umrühren, bis es gut bedeckt ist. Auf eine warme Servierplatte geben und mit Orangenscheiben garniert servieren.

Ananasrippen

für 4 Personen

900 g Schweinelende

600 ml / 1pt / 2½ Tassen Wasser

30 ml / 2 EL Erdnussöl

2 Knoblauchzehen, fein gehackt

200 g Ananas aus der Dose in Fruchtsaft

120 ml / 4 fl oz / ½ Tasse Hühnerbrühe

60 ml / 4 EL Weinessig

50 g / 2 oz / ¼ Tasse brauner Zucker

15 ml / 1 EL Sojasauce

15 ml / 1 EL Maismehl (Maisstärke)

3 Frühlingszwiebeln (Frühlingszwiebeln), gehackt

Schweinefleisch und Wasser in einen Topf geben, zum Kochen bringen, abdecken und 20 Minuten köcheln lassen. Gut abtropfen lassen.

Das Öl erhitzen und den Knoblauch leicht goldbraun anbraten. Rippchen hinzufügen und anbraten, bis sie gut mit Öl bedeckt sind. Die Ananasstücke abtropfen lassen und 120 ml Saft mit Brühe, Weinessig, Zucker und Sojasauce hinzufügen. Zum Kochen bringen, abdecken und 10 Minuten köcheln lassen.

Die abgetropfte Ananas dazugeben. Maismehl mit etwas Wasser vermischen, in die Soße einrühren und unter Rühren kochen, bis die Soße klar wird und eindickt. Mit Schnittlauch bestreut servieren.

Knusprige Garnelenrippen

für 4 Personen

900 g Schweinelende

450 g / 1 Kilo geschälte Garnelen

5 ml / 1 TL Zucker

Salz und frisch gemahlener Pfeffer

30 ml / 2 EL. Allzweckmehl

1 Ei, leicht geschlagen

100 g Semmelbrösel

Frittieröl

Die Schweinerippchen in 5/2 cm große Stücke schneiden, einen Teil des Fleisches abschneiden und mit den Garnelen, Zucker, Salz und Pfeffer zerkleinern. Fügen Sie Mehl und Ei hinzu, damit die Mischung klebrig wird. Die Schweinekoteletts rundherum andrücken und mit Semmelbröseln bestreuen. Das Öl erhitzen und die Rippchen anbraten, bis sie an der Oberfläche schwimmen. Gut abtropfen lassen und heiß servieren.

Rippchen in Reiswein

für 4 Personen

900 g Schweinelende

450 ml / ¾ pt / 2 Tassen Wasser

60 ml / 4 EL Sojasauce

5 ml / 1 TL Salz

30 ml / 2 EL Reiswein

5 ml / 1 TL Zucker

Die Rippchen in 2,5 cm große Stücke schneiden. In einen Topf mit Wasser, Sojasauce und Salz geben, zum Kochen bringen, abdecken und bei schwacher Hitze 1 Stunde kochen lassen. Gut abtropfen lassen. Die Pfanne erhitzen und die Rippchen, den Reiswein und den Zucker hinzufügen. Bei starker Hitze anbraten, bis die Flüssigkeit verdampft ist.

Sesamrippen

für 4 Personen

900 g Schweinelende

1 Ei

30 ml / 2 EL. Allzweckmehl

5 ml / 1 TL Kartoffelstärke

45 ml / 3 EL Wasser

Frittieröl

30 ml / 2 EL Erdnussöl

30 ml / 2 Esslöffel Tomatensauce (Ketchup)

30 ml / 2 EL brauner Zucker

10 ml / 2 TL Weinessig

45 ml / 3 EL Sesamkörner

4 Salatblätter

Die Schweinekoteletts in 10/4 cm große Stücke schneiden und in eine Schüssel geben. Das Ei mit Mehl, Kartoffelstärke und Wasser vermischen, zu den Rippchen geben und 4 Stunden ruhen lassen.

Das Öl erhitzen und die Schweinekoteletts goldbraun braten, herausnehmen und abtropfen lassen. Das Öl erhitzen und die

Tomatensauce, den braunen Zucker und den Weinessig einige Minuten anbraten. Schweinekoteletts hinzufügen und anbraten, bis sie vollständig bedeckt sind. Sesam darüber streuen und 1 Minute anbraten. Die Salatblätter auf einem warmen Teller anrichten, über die Rippchen streuen und servieren.

Süße und zähe Rippchen

für 4 Personen

900 g Schweinelende

600 ml / 1pt / 2½ Tassen Wasser

30 ml / 2 EL Erdnussöl

2 Knoblauchzehen, gehackt

5 ml / 1 TL Salz

100 g / 4 oz / ½ Tasse brauner Zucker

75 ml / 5 EL Hühnerbrühe

60 ml / 4 EL Weinessig

100 g Dosenananas in Sirup

15 ml / 1 EL Tomatenmark (Paste)

15 ml / 1 EL Sojasauce

15 ml / 1 EL Maismehl (Maisstärke)

30 ml / 2 Esslöffel Kokosraspeln

Schweinefleisch und Wasser in einen Topf geben, zum Kochen bringen, abdecken und 20 Minuten köcheln lassen. Gut abtropfen lassen.

Das Öl erhitzen und die Rippchen mit Knoblauch und Salz goldbraun braten. Zucker, Brühe und Weinessig hinzufügen und zum Kochen bringen. Die Ananas abtropfen lassen und 30 ml / 2 EL Sirup mit dem Tomatenpüree, der Sojasauce und der Maisstärke in die Pfanne geben. Gut vermischen und unter Rühren kochen, bis die Soße klar und dickflüssig wird. Die Ananas dazugeben, 3 Minuten köcheln lassen und mit Kokosnuss bestreut servieren.

Gebratene Rippchen

für 4 Personen

900 g Schweinelende

1 geschlagenes Ei

5 ml / 1 TL Sojasauce

5 ml / 1 TL Salz

10 ml / 2 TL Maismehl (Maisstärke)

10 ml / 2 TL Zucker

60 ml / 4 EL Erdnussöl

250 ml / 8 fl oz / 1 Tasse Weinessig

250 ml / 8 Flüssigunzen / 1 Tasse Wasser

250 ml / 8 fl oz / 1 Tasse Reiswein oder trockener Sherry

Die Schweinekoteletts in eine Schüssel geben. Das Ei mit der Sojasauce, Salz, der Hälfte der Maisstärke und der Hälfte des Zuckers verrühren, zu den Rippchen geben und gut verrühren. Das Öl erhitzen und die Schweinekoteletts goldbraun braten. Die restlichen Zutaten dazugeben, aufkochen und kochen, bis die Flüssigkeit fast verdampft ist.

Rippchen mit Tomate

für 4 Personen

900 g Schweinelende

75 ml / 5 EL Sojasauce

30 ml / 2 EL Reiswein oder trockener Sherry

2 geschlagene Eier

45 ml / 3 EL Maismehl (Maisstärke)

Frittieröl

45 ml / 3 EL Erdnussöl

1 Zwiebel, in dünne Scheiben geschnitten

250 ml / 8 fl oz / 1 Tasse Hühnerbrühe

60 ml / 4 Esslöffel Tomatensauce (Ketchup)

10 ml / 2 Teelöffel brauner Zucker

Die Schweinekoteletts in 2,5 cm große Stücke schneiden. 60 ml / 4 EL Sojasauce und Wein oder Sherry mischen und 1 Stunde marinieren, dabei gelegentlich umrühren. Abgießen, Marinade wegwerfen. Bestreichen Sie die Rippchen mit Ei und dann mit Maismehl. Das Öl erhitzen und die Rippchen nacheinander goldbraun braten. Gut abtropfen lassen. Das Erdnussöl (Erdnüsse) erhitzen und die Zwiebel darin glasig dünsten. Brühe, restliche Sojasauce, Tomatensauce und braunen Zucker hinzufügen und unter Rühren 1 Minute kochen lassen. Die Rippchen dazugeben und bei schwacher Hitze 10 Minuten garen.

gegrilltes Schwein

Für 4-6 Portionen

1,25 kg Schweineschulter ohne Knochen
2 Knoblauchzehen, gehackt
2 Frühlingszwiebeln (Frühlingszwiebeln), gehackt
250 ml / 8 fl oz / 1 Tasse Sojasauce
120 ml / 4 fl oz / ½ Tasse Reiswein oder trockener Sherry
100 g / 4 oz / ½ Tasse brauner Zucker
5 ml / 1 TL Salz

Das Schweinefleisch in eine Schüssel geben. Die restlichen Zutaten vermischen, über das Schweinefleisch gießen, abdecken und 3 Stunden marinieren lassen. Das Schweinefleisch und die Marinade in einen Bräter geben und im vorgeheizten Backofen bei 200 °C/400 °F/Thermostat 6 10 Minuten braten. Reduzieren Sie die Temperatur für 1½ Stunden auf 160°C/325°F/Thermostat 3, bis das Schweinefleisch gar ist.

Kaltes Schweinefleisch mit Senf

für 4 Personen

1 kg Schweinebraten ohne Knochen
250 ml / 8 fl oz / 1 Tasse Sojasauce
120 ml / 4 fl oz / ½ Tasse Reiswein oder trockener Sherry
100 g / 4 oz / ½ Tasse brauner Zucker
3 Frühlingszwiebeln (Frühlingszwiebeln), gehackt
5 ml / 1 TL Salz
30 ml / 2 EL Senfpulver

Das Schweinefleisch in eine Schüssel geben. Alle anderen Zutaten bis auf den Senf vermischen und über das Schweinefleisch gießen. Mindestens 2 Stunden marinieren lassen, dabei häufig begießen. Eine Auflaufform mit Folie auslegen und das Schweinefleisch auf einen Rost in der Pfanne legen. Im vorgeheizten Backofen bei 200 °C/400 °F/Thermostat 6 10 Minuten braten, dann die Temperatur für weitere 1½ Stunden auf 160 °C/325 °F/Thermostat 3 senken, bis das Schweinefleisch gar ist. Abkühlen lassen und dann in den Kühlschrank stellen. In sehr dünne Scheiben schneiden.

Senfpulver mit so viel Wasser vermischen, dass eine cremige Paste zum Servieren mit Schweinefleisch entsteht.

chinesisches Schwein

für 6

1,25 kg Schweinefleisch, in dicke Scheiben geschnitten
2 Knoblauchzehen, fein gehackt
30 ml / 2 EL Reiswein oder trockener Sherry
15 ml / 1 EL brauner Zucker
15 ml / 1 EL Honig
90 ml / 6 EL Sojasauce
2,5 ml / ½ TL Fünf-Gewürze-Pulver

Das Schweinefleisch in eine tiefe Schüssel geben. Die restlichen Zutaten vermischen, über das Schweinefleisch gießen, abdecken und über Nacht im Kühlschrank marinieren, dabei gelegentlich wenden und begießen.

Legen Sie die Schweinefleischscheiben auf einen Rost in eine mit etwas Wasser gefüllte Pfanne und begießen Sie sie gut mit der Marinade. Im vorgeheizten Backofen bei 180 °C/350

°F/Thermostat 5 etwa 1 Stunde backen, dabei gelegentlich begießen, bis das Schweinefleisch gar ist.

Schweinefleisch mit Spinat

Für 6 bis 8 Personen

30 ml / 2 EL Erdnussöl

1,25 kg Schweinefilet

250 ml / 8 fl oz / 1 Tasse Hühnerbrühe

15 ml / 1 EL brauner Zucker

60 ml / 4 EL Sojasauce

900 g / 2 Pfund Spinat

Das Öl erhitzen und das Schweinefleisch von allen Seiten anbraten. Entfernt die meisten Fette. Brühe, Zucker und Sojasauce hinzufügen, zum Kochen bringen, abdecken und etwa 2 Stunden köcheln lassen, bis das Schweinefleisch gar ist. Das Fleisch aus der Pfanne nehmen, etwas abkühlen lassen und dann in Scheiben schneiden. Den Spinat in die Pfanne geben und bei schwacher Hitze unter leichtem Rühren kochen, bis er weich ist. Spinat abtropfen lassen und auf eine warme Servierplatte legen. Die Schweinefleischscheiben darüberstreuen und servieren.

frittierte Schweinefleischbällchen

für 4 Personen

450 g Schweinehackfleisch (gehackt)

1 Scheibe Ingwerwurzel, gemahlen

15 ml / 1 EL Maismehl (Maisstärke)

15 ml / 1 EL Wasser

2,5 ml / ½ TL Salz

10 ml / 2 TL Sojasauce

Frittieröl

Schweinefleisch und Ingwer vermischen. Maismehl, Wasser, Salz und Sojasauce vermischen, dann die Mischung zum Schweinefleisch geben und gut vermischen. Zu walnussgroßen

Kugeln formen. Erhitzen Sie das Öl und braten Sie die Fleischbällchen, bis sie an die Öloberfläche steigen. Aus dem Öl nehmen und erneut erhitzen. Geben Sie das Schweinefleisch wieder in die Pfanne und kochen Sie es 1 Minute lang. Gut abtropfen lassen.

Eierbrötchen mit Schweinefleisch und Garnelen

für 4 Personen
30 ml / 2 EL Erdnussöl
225g Schweinehackfleisch (gehackt)
225 g Garnelen
100 g / 4 oz chinesische Blätter, gerieben
100 g Bambussprossen, in Streifen geschnitten
100 g Wasserkastanien, in Streifen geschnitten
10 ml / 2 TL Sojasauce

5 ml / 1 TL Salz

5 ml / 1 TL Zucker

3 Frühlingszwiebeln (Frühlingszwiebeln), gehackt

8 Frühlingsrollenschalen

Frittieröl

Das Öl erhitzen und das Schweinefleisch darin anbraten, bis es dickflüssig ist. Die Garnelen dazugeben und 1 Minute anbraten. Chinablätter, Bambussprossen, Wasserkastanien, Sojasauce, Salz und Zucker hinzufügen und 1 Minute anbraten, abdecken und 5 Minuten köcheln lassen. Die Zwiebeln hinzufügen, in ein Sieb gießen und abtropfen lassen.

Geben Sie ein paar Esslöffel Füllung in die Mitte jeder Eierbrötchenschale, falten Sie den Boden ein, falten Sie die Seiten ein und rollen Sie dann um die Füllung herum. Den Rand mit einer Mehl-Wasser-Mischung verschließen und 30 Minuten trocknen lassen. Das Öl erhitzen und die Frühlingsrollen etwa 10 Minuten lang knusprig und goldbraun braten. Vor dem Servieren gut abtropfen lassen.

Gedämpftes gehacktes Schweinefleisch

für 4 Personen

450 g Schweinehackfleisch (gehackt)

5 ml / 1 TL Maismehl (Maisstärke)

2,5 ml / ½ TL Salz

10 ml / 2 TL Sojasauce

Mischen Sie das Schweinefleisch mit den anderen Zutaten und verteilen Sie die Mischung in einer flachen Auflaufform. In einen Dampfgarer über kochendem Wasser geben und etwa 30 Minuten dämpfen, bis alles gar ist. Heiß servieren.

Gebratenes Schweinefleisch mit Krabbenfleisch

für 4 Personen

225 g Krabbenfleisch, in Flocken

100 g gehackte Pilze

100 g Bambussprossen, gehackt

5 ml / 1 TL Maismehl (Maisstärke)

2,5 ml / ½ TL Salz

225 g / 8 oz gekochtes Schweinefleisch, in Scheiben geschnitten

1 Eiweiß, leicht geschlagen

Frittieröl

15 ml / 1 EL gehackte frische Petersilie

Krabbenfleisch, Pilze, Bambussprossen, den Großteil des Maismehls und Salz vermengen. Das Fleisch in 5 cm große Quadrate schneiden. Machen Sie Sandwiches mit der Krabbenfleischmischung. Mit Eiweiß bedecken. Das Öl erhitzen und die Sandwiches nach und nach goldbraun braten. Gut abtropfen lassen. Mit Petersilie bestreut servieren.

Schweinefleisch mit Sojasprossen

für 4 Personen

30 ml / 2 EL Erdnussöl

2,5 ml / ½ TL Salz

2 Knoblauchzehen, gehackt

450 g / 1 Pfund Sojasprossen

225 g gekochtes Schweinefleisch, in Würfel geschnitten

120 ml / 4 fl oz / ½ Tasse Hühnerbrühe

15 ml / 1 EL Sojasauce

15 ml / 1 EL Reiswein oder trockener Sherry

5 ml / 1 TL Zucker

15 ml / 1 EL Maismehl (Maisstärke)

2,5 ml / ½ TL Sesamöl

3 Frühlingszwiebeln (Frühlingszwiebeln), gehackt

Das Öl erhitzen und Salz und Knoblauch anbraten, bis sie leicht gebräunt sind. Sojasprossen und Schweinefleisch hinzufügen und 2 Minuten anbraten. Die Hälfte der Brühe hinzufügen, zum Kochen bringen und zugedeckt 3 Minuten köcheln lassen. Den Rest der Brühe mit den anderen Zutaten vermischen, im Topf verrühren, zum Kochen bringen und unter Rühren 4 Minuten kochen lassen. Mit Schnittlauch bestreut servieren.

Eine gewöhnliche Hähnchenpfanne

für 4 Personen
1 Hähnchenbrust, in dünne Scheiben geschnitten
2 Scheiben Ingwerwurzel, gehackt
2 Frühlingszwiebeln (Frühlingszwiebeln), gehackt
15 ml / 1 EL Maismehl (Maisstärke)
15 ml / 1 EL Reiswein oder trockener Sherry
30 ml / 2 EL Wasser
2,5 ml / ½ TL Salz
45 ml / 3 EL Erdnussöl
100 g Bambussprossen, in Scheiben geschnitten
100 g / 4 oz Pilze, in Scheiben geschnitten
100 g Sojasprossen
15 ml / 1 EL Sojasauce
5 ml / 1 TL Zucker
120 ml / 4 fl oz / ½ Tasse Hühnerbrühe

Das Hähnchen in eine Schüssel geben. Ingwer, Frühlingszwiebeln, Maisstärke, Wein oder Sherry, Wasser und Salz vermischen, zum Huhn geben und 1 Stunde ruhen lassen. Die Hälfte des Öls erhitzen und das Hähnchen anbraten, bis es leicht gebräunt ist, dann aus der Pfanne nehmen. Restliches Öl erhitzen und Bambussprossen, Pilze und Sojasprossen 4 Minuten braten. Sojasauce, Zucker und Brühe hinzufügen, aufkochen, abdecken und 5 Minuten köcheln lassen, bis das Gemüse gar ist. Geben Sie das Hähnchen zurück in die Pfanne, vermischen Sie es gut und erhitzen Sie es vor dem Servieren noch einmal vorsichtig.

Hähnchen in Tomatensauce

für 4 Personen
30 ml / 2 EL Erdnussöl
5 ml / 1 TL Salz
2 Knoblauchzehen, gehackt
450 g / 1 Pfund gewürfeltes Hähnchen
300 ml / ½ pt / 1¼ Tasse Hühnerbrühe
120 ml / 4 fl oz / ½ Tasse Tomatensauce (Ketchup)
15 ml / 1 EL Maismehl (Maisstärke)
4 Frühlingszwiebeln (Frühlingszwiebeln), in Scheiben geschnitten

Das Öl mit Salz und Knoblauch erhitzen, bis der Knoblauch leicht gebräunt ist. Das Hähnchen dazugeben und anbraten, bis es leicht gebräunt ist. Den größten Teil der Brühe hinzufügen, zum Kochen bringen, abdecken und etwa 15 Minuten köcheln lassen, bis das Huhn gar ist. Die restliche Brühe mit der Tomatensauce und dem Maismehl vermischen und in die Pfanne rühren. Bei schwacher Hitze unter Rühren köcheln lassen, bis die Sauce eindickt und klar wird. Wenn die Soße zu flüssig ist, eine Weile kochen, bis die Soße eindickt. Die

Frühlingszwiebeln dazugeben und vor dem Servieren 2 Minuten köcheln lassen.

Huhn mit Tomaten

für 4 Personen

225 g gewürfeltes Hähnchen
15 ml / 1 EL Maismehl (Maisstärke)
15 ml / 1 EL Sojasauce
15 ml / 1 EL Reiswein oder trockener Sherry
45 ml / 3 EL Erdnussöl
1 Zwiebel gewürfelt
60 ml / 4 EL Hühnerbrühe
5 ml / 1 TL Salz
5 ml / 1 TL Zucker
2 Tomaten, geschält und gewürfelt

Das Hähnchen mit Maisstärke, Sojasauce und Wein oder Sherry vermengen und 30 Minuten ruhen lassen. Das Öl erhitzen und das Hähnchen braten, bis es weiß wird. Die Zwiebel dazugeben und anbraten, bis sie weich ist. Brühe, Salz und Zucker hinzufügen, zum Kochen bringen und bei schwacher Hitze vorsichtig rühren, bis das Huhn gar ist. Tomaten hinzufügen und rühren, bis alles durchgewärmt ist.

Hühnereintopf mit Tomaten

für 4 Personen
4 Portionen Hühnchen
4 Tomaten, geschält und geviertelt
15 ml / 1 EL Reiswein oder trockener Sherry
15 ml / 1 EL Erdnussöl
Salz

Legen Sie das Hähnchen in die Pfanne und bedecken Sie es mit kaltem Wasser. Zum Kochen bringen, abdecken und 20 Minuten köcheln lassen. Tomaten, Wein oder Sherry, Öl und Salz hinzufügen, abdecken und weitere 10 Minuten köcheln lassen, bis das Hähnchen gar ist. Das Hähnchen auf eine vorgewärmte Servierplatte legen und in Portionsstücke schneiden. Die Soße erhitzen und zum Servieren über das Hähnchen gießen.

Hähnchen und Tomaten mit schwarzer Bohnensauce

für 4 Personen

45 ml / 3 EL Erdnussöl
1 zerdrückte Knoblauchzehe
45 ml / 3 EL. Sauce aus schwarzen Bohnen
225 g gewürfeltes Hähnchen
15 ml / 1 EL Reiswein oder trockener Sherry
5 ml / 1 TL Zucker
15 ml / 1 EL Sojasauce
90 ml / 6 EL Hühnerbrühe
3 Tomaten, geschält und geviertelt
10 ml / 2 TL Maismehl (Maisstärke)
45 ml / 3 EL Wasser

Das Öl erhitzen und den Knoblauch 30 Sekunden anbraten. Schwarze Bohnensauce hinzufügen und 30 Sekunden braten, dann Hühnchen dazugeben und umrühren, bis es gut mit Öl bedeckt ist. Wein oder Sherry, Zucker, Sojasauce und Brühe hinzufügen, zum Kochen bringen, abdecken und etwa 5 Minuten köcheln lassen, bis das Huhn gar ist. Maismehl und Wasser zu einer Paste verrühren, in die Pfanne geben und unter Rühren kochen, bis die Soße klar wird und eindickt.

Gebratenes Hähnchen mit Gemüse

für 4 Personen
1 Eiweiß
50 g / 2 oz Maismehl (Maizena)
225g Hähnchenbrust, in Streifen geschnitten
75 ml / 5 EL Erdnussöl
200 g Bambussprossen, in Streifen geschnitten
50 g Sojasprossen
1 grüne Paprika, in Streifen geschnitten
3 Frühlingszwiebeln (Frühlingszwiebeln), in Scheiben geschnitten
1 Scheibe Ingwerwurzel, gemahlen
1 gehackte Knoblauchzehe
15 ml / 1 EL Reiswein oder trockener Sherry

Eiweiß und Maisstärke verquirlen und die Hähnchenstreifen darin eintauchen. Erhitzen Sie das Öl bei mittlerer Hitze und braten Sie das Hähnchen einige Minuten lang, bis es gar ist.

Aus der Pfanne nehmen und gut abtropfen lassen. Bambussprossen, Sojasprossen, Paprika, Zwiebeln, Ingwer und Knoblauch in die Pfanne geben und 3 Minuten anbraten. Den Wein oder Sherry hinzufügen und das Huhn wieder in die Pfanne geben. Gut vermischen und vor dem Servieren noch einmal erhitzen.

Walnusshuhn

für 4 Personen

45 ml / 3 EL Erdnussöl

2 Frühlingszwiebeln (Frühlingszwiebeln), gehackt

1 Scheibe Ingwerwurzel, gemahlen

450 g Hähnchenbrust, sehr dünn geschnitten

50 g Schinken, zerbröselt

30 ml / 2 EL Sojasauce

30 ml / 2 EL Reiswein oder trockener Sherry

5 ml / 1 TL Zucker

5 ml / 1 TL Salz

100 g / 4 oz / 1 Tasse Walnüsse, gehackt

Das Öl erhitzen und die Zwiebel und den Ingwer 1 Minute anbraten. Hähnchen und Schinken dazugeben und 5 Minuten kochen lassen, bis sie fast gar sind. Sojasauce, Wein oder

Sherry, Zucker und Salz hinzufügen und 3 Minuten braten. Nüsse hinzufügen und 1 Minute anbraten, bis die Zutaten gut vermischt sind.

Huhn mit Walnüssen

für 4 Personen

100 g / 4 oz / 1 Tasse geschälte Walnüsse, halbiert
Frittieröl
45 ml / 3 EL Erdnussöl
2 Scheiben Ingwerwurzel, gehackt
225 g gewürfeltes Hähnchen
100 g Bambussprossen, in Scheiben geschnitten
75 ml / 5 EL Hühnerbrühe

Bereiten Sie die Walnüsse vor, erhitzen Sie das Öl und braten Sie die Walnüsse goldbraun an und lassen Sie sie gut abtropfen. Erdnussöl erhitzen und den Ingwer 30 Sekunden anbraten. Das Hähnchen dazugeben und anbraten, bis es leicht gebräunt ist. Die restlichen Zutaten hinzufügen, zum Kochen bringen und unter Rühren kochen, bis das Huhn gar ist.

Wasserkastanienhuhn

für 4 Personen

45 ml / 3 EL Erdnussöl

2 Knoblauchzehen, gehackt

2 Frühlingszwiebeln (Frühlingszwiebeln), gehackt

1 Scheibe Ingwerwurzel, gemahlen

225g Hähnchenbrust, in Scheiben geschnitten

100 g / 4 oz geschnittene Wasserkastanien

45 ml / 3 EL Sojasauce

15 ml / 1 EL Reiswein oder trockener Sherry

5 ml / 1 TL Maismehl (Maisstärke)

Das Öl erhitzen und Knoblauch, Frühlingszwiebel und Ingwer anbraten, bis sie leicht gebräunt sind. Das Hähnchen dazugeben und 5 Minuten anbraten. Die Wasserkastanien dazugeben und 3 Minuten anbraten. Sojasauce, Wein oder

Sherry und Maismehl hinzufügen und etwa 5 Minuten anbraten, bis das Huhn gar ist.

Gesalzenes Hähnchen mit Wasserkastanien

für 4 Personen
30 ml / 2 EL Erdnussöl
4 Stück Hühnchen
3 Frühlingszwiebeln (Frühlingszwiebeln), gehackt
2 Knoblauchzehen, gehackt
1 Scheibe Ingwerwurzel, gemahlen
250 ml / 8 fl oz / 1 Tasse Sojasauce
30 ml / 2 EL Reiswein oder trockener Sherry
30 ml / 2 EL brauner Zucker
5 ml / 1 TL Salz
375 ml / 13 fl oz / 1¼ Tasse Wasser
225 g / 8 oz geschnittene Wasserkastanien
15 ml / 1 EL Maismehl (Maisstärke)

Das Öl erhitzen und die Hähnchenteile goldbraun braten. Frühlingszwiebeln, Knoblauch und Ingwer hinzufügen und 2 Minuten anbraten. Sojasauce, Wein oder Sherry, Zucker und Salz hinzufügen und gut vermischen. Wasser hinzufügen und zum Kochen bringen, abdecken und 20 Minuten kochen lassen. Die Wasserkastanien hinzufügen, abdecken und weitere 20 Minuten kochen lassen. Maismehl mit etwas Wasser vermischen, in die Soße einrühren und unter Rühren kochen, bis die Soße klar wird und eindickt.

Hühnerravioli

für 4 Personen

4 getrocknete chinesische Pilze

450 g Hähnchenbrust, zerkleinert

225 g gemischtes Gemüse, gehackt

1 Frühlingszwiebel (Frühlingszwiebel), gehackt

15 ml / 1 EL Sojasauce

2,5 ml / ½ TL Salz

40 Wan-Tan-Häute

1 geschlagenes Ei

Die Pilze 30 Minuten in lauwarmem Wasser einweichen und abtropfen lassen. Die Stiele entfernen und die Spitzen hacken. Mit Hühnchen, Gemüse, Sojasauce und Salz vermischen.

Um die Wontons zu falten, halten Sie die Haut in der linken Handfläche und geben Sie etwas Füllung in die Mitte. Befeuchten Sie die Ränder mit Ei, falten Sie die Haut zu einem Dreieck und verschließen Sie die Ränder. Die Ecken mit dem Ei befeuchten und verdrehen.

Einen Topf Wasser zum Kochen bringen. Die Wontons hinzufügen und etwa 10 Minuten kochen lassen, bis sie an die Oberfläche steigen.

knusprige Hähnchenflügel

für 4 Personen

900 g / 2 Pfund Hähnchenflügel

60 ml / 4 EL Reiswein oder trockener Sherry

60 ml / 4 EL Sojasauce

50 g / 2 oz / ½ Tasse Maismehl (Maizena)

Erdnussöl zum Braten

Die Chicken Wings in eine Schüssel geben. Die restlichen Zutaten vermengen und über die Chicken Wings gießen und gut umrühren, sodass sie mit Soße bedeckt sind. Abdecken und 30 Minuten stehen lassen. Erhitzen Sie das Öl und braten Sie das Huhn nacheinander an, bis es gar und dunkelbraun ist. Auf einem Papiertuch gut abtropfen lassen und warm halten, während das restliche Hähnchen gebraten wird.

Hähnchenflügel mit fünf Gewürzen

für 4 Personen

30 ml / 2 EL Erdnussöl

2 Knoblauchzehen, gehackt

450g / 1kg Hähnchenflügel

250 ml / 8 fl oz / 1 Tasse Hühnerbrühe

30 ml / 2 EL Sojasauce

5 ml / 1 TL Zucker

5 ml / 1 TL Fünf-Gewürze-Pulver

Öl und Knoblauch erhitzen, bis der Knoblauch hellbraun ist. Das Hähnchen dazugeben und anbraten, bis es leicht gebräunt ist. Die restlichen Zutaten dazugeben, gut vermischen und zum Kochen bringen. Abdecken und etwa 15 Minuten köcheln lassen, bis das Huhn gar ist. Nehmen Sie den Deckel ab und kochen Sie bei schwacher Hitze unter gelegentlichem Rühren weiter, bis der größte Teil der Flüssigkeit verdampft ist. Heiß oder kalt servieren.

Marinierte Hähnchenflügel

für 4 Personen

45 ml / 3 EL Sojasauce

45 ml / 3 EL. Esslöffel Reiswein oder trockener Sherry

30 ml / 2 EL brauner Zucker

5 ml / 1 TL geriebene Ingwerwurzel

2 Knoblauchzehen, gehackt

6 Frühlingszwiebeln (Frühlingszwiebeln), in Scheiben geschnitten

450g / 1kg Hähnchenflügel

30 ml / 2 EL Erdnussöl

225 g Bambussprossen, in Scheiben geschnitten

20 ml / 4 TL Maismehl (Maisstärke)

175 ml / 6 fl oz / ¾ Tasse Hühnerbrühe

Sojasauce, Wein oder Sherry, Zucker, Ingwer, Knoblauch und Frühlingszwiebeln vermischen. Die Hähnchenflügel dazugeben und vermengen, bis sie gut bedeckt sind. Abdecken und 1 Stunde stehen lassen, dabei gelegentlich umrühren. Das Öl erhitzen und die Bambussprossen 2 Minuten braten. Nehmen Sie sie aus der Pfanne. Hähnchen und Zwiebeln abtropfen lassen und die Marinade auffangen. Das Öl erneut erhitzen und das Hähnchen von allen Seiten goldbraun braten. Abdecken und weitere 20 Minuten garen, bis das Hähnchen gar ist. Maisstärke mit Brühe und beiseite gestellter Marinade vermischen. Über das Huhn gießen und unter Rühren kochen, bis die Sauce eindickt. Die Bambussprossen hinzufügen und unter Rühren weitere 2 Minuten kochen lassen.

Königliche Chicken Wings

für 4 Personen

12 Hühnerflügel

250 ml / 8 fl oz / 1 Tasse Erdnussöl (Erdnuss)

15 ml / 1 EL Kristallzucker

2 Frühlingszwiebeln (Frühlingszwiebeln), in Stücke geschnitten

5 Scheiben Ingwerwurzel

5 ml / 1 TL Salz

45 ml / 3 EL Sojasauce

250 ml / 8 fl oz / 1 Tasse Reiswein oder trockener Sherry

250 ml / 8 fl oz / 1 Tasse Hühnerbrühe

10 Scheiben Bambussprossen

15 ml / 1 EL Maismehl (Maisstärke)

15 ml / 1 EL Wasser

2,5 ml / ½ TL Sesamöl

Die Hähnchenflügel 5 Minuten in kochendem Wasser kochen und gut abtropfen lassen. Öl erhitzen, Zucker hinzufügen und rühren, bis es geschmolzen und goldbraun ist. Hähnchen, Frühlingszwiebeln, Ingwer, Salz, Sojasauce, Wein und Brühe hinzufügen, aufkochen und 20 Minuten köcheln lassen. Die Bambussprossen hinzufügen und 2 Minuten kochen lassen oder bis die Flüssigkeit fast vollständig verdampft ist. Maismehl mit Wasser vermischen, in einen Topf geben und rühren, bis es eindickt. Die Hähnchenflügel auf eine warme Servierplatte geben und mit Sesamöl beträufelt servieren.

Gewürzte Hähnchenflügel

für 4 Personen

30 ml / 2 EL Erdnussöl

5 ml / 1 TL Salz

2 Knoblauchzehen, gehackt

900 g / 2 Pfund Hähnchenflügel

30 ml / 2 EL Reiswein oder trockener Sherry

30 ml / 2 EL Sojasauce

30 ml / 2 EL Tomatenmark (Paste)

15 ml / 1 EL. Esslöffel Worcestershire-Sauce

Öl, Salz und Knoblauch erhitzen und anbraten, bis der Knoblauch leicht gebräunt ist. Fügen Sie die Hähnchenflügel hinzu und braten Sie sie unter häufigem Rühren etwa 10 Minuten lang an, bis sie goldbraun und fast gar sind. Die restlichen Zutaten hinzufügen und etwa 5 Minuten anbraten, bis das Hähnchen knusprig und gar ist.

gegrillte Hähnchenschenkel

für 4 Personen

16 Hähnchenschenkel

30 ml / 2 EL Reiswein oder trockener Sherry

30 ml / 2 EL Weinessig

30 ml / 2 EL Olivenöl

Salz und frisch gemahlener Pfeffer

120 ml / 4 fl oz / ½ Tasse Orangensaft

30 ml / 2 EL Sojasauce

30 ml / 2 EL Honig

15 ml / 1 EL Zitronensaft

2 Scheiben Ingwerwurzel, gehackt

120 ml / 4 fl oz / ½ Tasse Chilisauce

Alle Zutaten außer der Chilisauce vermischen, abdecken und über Nacht im Kühlschrank marinieren. Nehmen Sie das Hähnchen aus der Marinade und grillen oder grillen Sie es etwa 25 Minuten lang, wenden Sie es um und bestreichen Sie es während des Garens mit Chilisauce.

Hoisin-Hähnchenschenkel

für 4 Personen

8 Hähnchenschenkel

600 ml / 1pt / 2½ Tassen Hühnerbrühe

Salz und frisch gemahlener Pfeffer

250 ml / 8 fl oz. / 1 Tasse Hoisinsauce

30 ml / 2 EL. Allzweckmehl

2 geschlagene Eier

100 g / 4 oz / 1 Tasse Semmelbrösel

Frittieröl

Die Keulen und die Brühe in einen Topf geben, zum Kochen bringen, abdecken und 20 Minuten kochen lassen, bis sie weich sind. Nehmen Sie das Hähnchen aus der Pfanne und tupfen Sie es mit einem Papiertuch trocken. Das Hähnchen in eine Schüssel geben und mit Salz und Pfeffer würzen. Die Hoisinsauce dazugeben und 1 Stunde marinieren. Leeren. Hähnchen in Mehl wenden, dann in Ei und Semmelbröseln wenden, dann noch einmal in Ei und Semmelbröseln wenden. Das Öl erhitzen und das Hähnchen darin etwa 5 Minuten goldbraun braten. Auf einem Papiertuch abtropfen lassen und heiß oder kalt servieren.

geschmortes Hähnchen

Für 4-6 Portionen

75 ml / 5 EL Erdnussöl

1 Huhn

3 Frühlingszwiebeln (Frühlingszwiebeln), in Scheiben geschnitten

3 Scheiben Ingwerwurzel

120 ml / 4 fl oz / ½ Tasse Sojasauce

30 ml / 2 EL Reiswein oder trockener Sherry

5 ml / 1 TL Zucker

Das Öl erhitzen und das Hähnchen darin goldbraun braten. Frühlingszwiebeln, Ingwer, Sojasauce und Wein oder Sherry hinzufügen und zum Kochen bringen. Abdecken und 30 Minuten köcheln lassen, dabei gelegentlich wenden. Den Zucker hinzufügen, abdecken und weitere 30 Minuten köcheln lassen, bis das Hähnchen gar ist.

knusprig frittiertes Hühnchen

für 4 Personen

1 Huhn

Salz

30 ml / 2 EL Reiswein oder trockener Sherry

3 Frühlingszwiebeln (Frühlingszwiebeln), gewürfelt

1 Scheibe Ingwerwurzel

30 ml / 2 EL Sojasauce

30 ml / 2 EL Zucker

5 ml / 1 TL ganze Nelken

5 ml / 1 TL Salz

5 ml / 1 TL Pfeffer

150 ml / ¼ pt / großzügige ½ Tasse Hühnerbrühe

Frittieröl

1 Salat, gerieben

4 Tomaten, in Scheiben geschnitten

½ Gurke, in Scheiben geschnitten

Das Hähnchen mit Salz einreiben und 3 Stunden ruhen lassen. Spülen und in eine Schüssel geben. Wein oder Sherry, Ingwer, Sojasauce, Zucker, Nelken, Salz, Pfeffer und Brühe hinzufügen und gut vermischen. Die Schüssel in den Dampfgarer stellen, abdecken und etwa 2½ Stunden dämpfen, bis das Hähnchen gar ist. Leeren. Das Öl erhitzen, bis es raucht, dann das Hähnchen dazugeben und goldbraun braten. Weitere 5 Minuten braten, aus dem Öl nehmen und abtropfen lassen. In Stücke schneiden und auf einen warmen Servierteller legen. Mit Salat, Tomaten und Gurken belegen und mit einer Salz-Pfeffer-Sauce servieren.

Ein ganzes Brathähnchen

5 für eine Portion

1 Huhn

10 ml / 2 TL Salz

15 ml / 1 EL Reiswein oder trockener Sherry

2 Frühlingszwiebeln (Frühlingszwiebeln), halbiert

3 Scheiben Ingwerwurzel, in Streifen schneiden

Frittieröl

Wischen Sie das Huhn trocken und reiben Sie die Haut mit Salz und Wein oder Sherry ein. Geben Sie die Frühlingszwiebeln und den Ingwer in die Mulde. Hängen Sie das Huhn zum Trocknen etwa 3 Stunden lang an einen kühlen Ort. Das Öl erhitzen und das Hähnchen in den Frittierkorb legen. Gießen Sie vorsichtig das Öl hinein und begießen Sie die Innen- und Außenseite ständig, bis das Hähnchen eine helle Farbe hat. Aus dem Öl nehmen und etwas abkühlen lassen, während das Öl erneut erhitzt wird. Nochmals goldbraun braten. Gut abtropfen lassen und dann in Stücke schneiden.

Hähnchen mit fünf Gewürzen

Für 4-6 Portionen

1 Huhn

120 ml / 4 fl oz / ½ Tasse Sojasauce

2,5 cm Ingwerwurzel, gehackt

1 zerdrückte Knoblauchzehe

15 ml / 1 EL Fünf-Gewürze-Pulver

30 ml / 2 EL Reiswein oder trockener Sherry

30 ml / 2 EL Honig

2,5 ml / ½ TL Sesamöl

Frittieröl

30 ml / 2 EL Salz

5 ml / 1 TL frisch gemahlener Pfeffer

Geben Sie das Hähnchen in einen großen Topf und füllen Sie ihn bis zur Hälfte der Keule mit Wasser. Reservieren Sie 15 ml / 1 EL Sojasauce und geben Sie den Rest, den Ingwer, den Knoblauch und die Hälfte der fünf Gewürzpulver in die Pfanne. Zum Kochen bringen, abdecken und 5 Minuten köcheln lassen. Schalten Sie den Herd aus und lassen Sie das Huhn im Wasser ruhen, bis das Wasser lauwarm ist. Leeren.

Das Hähnchen der Länge nach aufschneiden und mit der Schnittfläche nach unten in die Auflaufform legen. Restliche Sojasauce und Fünf-Gewürze-Pulver mit Wein oder Sherry, Honig und Sesamöl vermischen. Das Hähnchen mit der Mischung einreiben und 2 Stunden ruhen lassen, dabei gelegentlich mit der Mischung begießen. Erhitzen Sie das Öl und braten Sie die Hähnchenhälften etwa 15 Minuten lang, bis sie goldbraun und gar sind. Auf saugfähigem Papier abtropfen lassen und in Stücke schneiden.

In der Zwischenzeit mit Salz und Pfeffer würzen und in einer trockenen Pfanne etwa 2 Minuten erhitzen. In Soße mit Hühnchen servieren.

Huhn mit Ingwer und Schnittlauch

für 4 Personen

1 Huhn
2 Scheiben Ingwerwurzel, in Streifen schneiden
Salz und frisch gemahlener Pfeffer
90 ml / 4 EL Erdnussöl (Erdnuss)
8 Frühlingszwiebeln (Frühlingszwiebeln), gehackt
10 ml / 2 TL weißer Essig
5 ml / 1 TL Sojasauce

Geben Sie das Hähnchen in einen großen Topf, geben Sie die Hälfte des Ingwers hinzu und gießen Sie so viel Wasser hinein, dass das Hähnchen fast bedeckt ist. Mit Salz und Pfeffer würzen. Zum Kochen bringen, abdecken und etwa 1 Stunde und 15 Minuten köcheln lassen, bis es weich ist. Lassen Sie das Huhn in der Brühe ruhen, bis es abgekühlt ist. Das Hähnchen abtropfen lassen und im Kühlschrank aufbewahren. In Stücke schneiden.

Den restlichen Ingwer reiben und mit Öl, Frühlingszwiebeln, Weinessig und Sojasauce sowie Salz und Pfeffer vermischen. 1 Stunde kühl stellen. Legen Sie die Hähnchenstücke in eine Servierschüssel und gießen Sie die Ingwersauce darüber. Mit gedünstetem Reis servieren.

geschmortes Hähnchen

für 4 Personen

1 Huhn
1,2 l / 2 pt / 5 Tassen Hühnerbrühe oder Wasser
30 ml / 2 EL Reiswein oder trockener Sherry
4 Frühlingszwiebeln (Frühlingszwiebeln), gehackt
1 Scheibe Ingwerwurzel
5 ml / 1 TL Salz

Das Hähnchen mit allen anderen Zutaten in einen großen Topf geben. Die Brühe bzw. das Wasser sollte bis zur Mitte des Oberschenkels reichen. Zum Kochen bringen, abdecken und etwa 1 Stunde köcheln lassen, bis das Hähnchen gar ist. Abgießen und die Brühe für Suppen aufbewahren.

Rot gekochtes Hähnchen

für 4 Personen

1 Huhn

250 ml / 8 fl oz / 1 Tasse Sojasauce

Legen Sie das Hähnchen in die Pfanne, gießen Sie die Sojasauce darüber und füllen Sie es fast so weit mit Wasser, dass das Hähnchen bedeckt ist. Zum Kochen bringen, abdecken und etwa 1 Stunde köcheln lassen, bis das Huhn weich ist, dabei gelegentlich wenden.

Rotes gekochtes Hähnchen mit Gewürzen

für 4 Personen

2 Scheiben Ingwerwurzel

2 Frühlingszwiebeln (Grünzwiebeln)

1 Huhn

3 Sternaniskapseln

½ Zimtstange

15 ml / 1 EL Sichuanpfeffer

75 ml / 5 EL Sojasauce

75 ml / 5 EL. Esslöffel Reiswein oder trockener Sherry

75 ml / 5 EL Sesamöl

15 ml / 1 EL Zucker

Den Ingwer und die Frühlingszwiebeln in den Hohlraum des Hähnchens geben und das Hähnchen in die Pfanne legen. Sternanis, Zimt und Pfeffer in ein Stück Käsetuch binden und in die Pfanne geben. Sojasauce, Wein oder Sherry und

Sesamöl darübergießen. Zum Kochen bringen, abdecken und etwa 45 Minuten köcheln lassen. Den Zucker hinzufügen, abdecken und weitere 10 Minuten köcheln lassen, bis das Huhn gar ist.

Sesam-Brathähnchen

für 4 Personen
50 g Sesamsamen
1 Zwiebel, fein gehackt
2 zerdrückte Knoblauchzehen
10 ml / 2 TL Salz
1 getrocknete rote Chili, zerdrückt
eine Prise gemahlene Nelken
2,5 ml / ½ TL gemahlener Kardamom
2,5 ml / ½ TL gemahlener Ingwer
75 ml / 5 EL Erdnussöl
1 Huhn

Alle Gewürze und Öl vermischen und das Hähnchen damit bestreichen. Geben Sie es in einen Topf und geben Sie 30 ml / 2 EL Wasser in den Topf. Im vorgeheizten Ofen bei 180 °C/350 °F/Thermostat 4 etwa 2 Stunden braten, dabei das

Hähnchen gelegentlich begießen und wenden, bis es braun und durchgegart ist. Fügen Sie bei Bedarf etwas Wasser hinzu, um Verbrennungen zu vermeiden.

Hühnersojasauce

Für 4-6 Portionen

300 ml / ½ pt / 1¼ Tasse Sojasauce

300 ml / ½ pt / 1¼ Tassen Reiswein oder trockener Sherry

1 gehackte Zwiebel

3 Scheiben Ingwer, gehackt

50 g / 2 oz / ¼ Tasse Zucker

1 Huhn

15 ml / 1 EL Maismehl (Maisstärke)

60 ml / 4 EL Wasser

1 Gurke, geschält und in Scheiben geschnitten

30 ml / 2 EL gehackte frische Petersilie

Sojasauce, Wein oder Sherry, Zwiebel, Ingwer und Zucker in einen Topf geben und zum Kochen bringen. Das Hähnchen dazugeben, erneut aufkochen lassen, abdecken und 1 Stunde köcheln lassen, dabei das Hähnchen gelegentlich wenden, bis es gar ist. Das Hähnchen auf eine warme Servierplatte geben und in Scheiben schneiden. Alles bis auf 250 ml / 8 fl oz / 1 Tasse Kochflüssigkeit hineingießen und erneut zum Kochen bringen. Maismehl und Wasser zu einer Paste verrühren, in die Pfanne geben und unter Rühren kochen, bis die Soße klar wird und eindickt. Etwas Soße über das Hähnchen verteilen und das Hähnchen mit Gurke und Petersilie garnieren. Den Rest der Soße dazu servieren.

gedämpftes Hähnchen

für 4 Personen
1 Huhn
45 ml / 3 EL. Esslöffel Reiswein oder trockener Sherry
Salz
2 Scheiben Ingwerwurzel
2 Frühlingszwiebeln (Grünzwiebeln)
250 ml / 8 fl oz / 1 Tasse Hühnerbrühe

Geben Sie das Hähnchen in eine ofenfeste Schüssel, reiben Sie es mit Wein oder Sherry und Salz ein und geben Sie Ingwer und Frühlingszwiebeln in die Mulde. Stellen Sie die Schüssel auf den Dampfgarer, decken Sie sie ab und dämpfen Sie sie etwa 1 Stunde lang über kochendem Wasser, bis sie weich sind. Heiß oder kalt servieren.

Gedämpftes Hähnchen mit Anis

für 4 Personen
250 ml / 8 fl oz / 1 Tasse Sojasauce
250 ml / 8 Flüssigunzen / 1 Tasse Wasser
15 ml / 1 EL brauner Zucker
4-Sterne-Klauen
1 Huhn

Sojasauce, Wasser, Zucker und Anis in einem Topf vermischen und bei schwacher Hitze zum Kochen bringen. Geben Sie das Hähnchen in eine Schüssel und bestreichen Sie die Mischung innen und außen gut. Erhitzen Sie die Mischung erneut und wiederholen Sie den Vorgang. Legen Sie das

Hähnchen in eine ofenfeste Schüssel. Stellen Sie die Schüssel auf den Dampfgarer, decken Sie sie ab und dämpfen Sie sie etwa 1 Stunde lang über kochendem Wasser, bis sie weich sind.

seltsam schmeckendes Hühnchen

für 4 Personen

1 Huhn

5 ml / 1 TL gemahlene Ingwerwurzel

5 ml / 1 TL gehackter Knoblauch

45 ml / 3 EL dicke Sojasauce

5 ml / 1 TL Zucker

2,5 ml / ½ TL Weinessig

10 ml / 2 TL Sesamsauce

5 ml / 1 TL frisch gemahlener Pfeffer

10 ml / 2 TL Chiliöl

½ Salat, gerieben

15 ml / 1 EL gehackter frischer Koriander

Geben Sie das Hähnchen in den Topf und füllen Sie ihn mit Wasser, bis es die Mitte der Hähnchenbrust erreicht. Zum Kochen bringen, abdecken und etwa 1 Stunde köcheln lassen, bis das Hähnchen gar ist. Aus der Pfanne nehmen, gut abtropfen lassen und in Eiswasser einweichen, bis das Fleisch vollständig abgekühlt ist. Gut abtropfen lassen und in 2–5 cm große Stücke schneiden. Restliche Zutaten vermischen und über das Hähnchen gießen. Mit Salat und Koriander garniert servieren.

Knusprige Hähnchenstücke

für 4 Personen

100 g Allzweckmehl

eine Prise Salz

15 ml / 1 EL Wasser

1 Ei

350 g gewürfeltes gekochtes Hähnchen

Frittieröl

Mehl, Salz, Wasser und Ei verrühren, bis der Teig recht fest ist, bei Bedarf noch etwas Wasser hinzufügen. Hähnchenstücke in den Teig tauchen, bis sie gut bedeckt sind. Erhitzen Sie das Öl sehr heiß und braten Sie das Hähnchen einige Minuten lang, bis es knusprig und goldbraun ist.

Huhn mit grünen Bohnen

für 4 Personen

45 ml / 3 EL Erdnussöl

450 g/1 Pfund gekochtes Hähnchen, zerkleinert

5 ml / 1 TL Salz

2,5 ml / ½ TL frisch gemahlener Pfeffer

225 g grüne Bohnen, in Stücke geschnitten

1 Selleriestange, schräg geschnitten

225 g / 8 oz Pilze, in Scheiben geschnitten

250 ml / 8 fl oz / 1 Tasse Hühnerbrühe
30 ml / 2 EL Maismehl (Maisstärke)
60 ml / 4 EL Wasser
10 ml / 2 TL Sojasauce

Das Öl erhitzen und das Hähnchen darin anbraten, mit Salz und Pfeffer würzen, bis es leicht gebräunt ist. Bohnen, Sellerie und Pilze dazugeben und gut vermischen. Brühe hinzufügen, zum Kochen bringen, abdecken und 15 Minuten köcheln lassen. Maismehl, Wasser und Sojasauce zu einer Paste vermischen, in einem Topf verrühren und unter Rühren kochen, bis die Sauce klar wird und eindickt.

Gekochtes Hühnchen mit Ananas

für 4 Personen
45 ml / 3 EL Erdnussöl
225 g gewürfeltes gekochtes Hähnchen
Salz und frisch gemahlener Pfeffer
2 Selleriestangen, schräg geschnitten
3 Scheiben Ananas, in Stücke geschnitten
120 ml / 4 fl oz / ½ Tasse Hühnerbrühe
15 ml / 1 EL Sojasauce

10 ml / 2 EL Maismehl (Maisstärke)
30 ml / 2 EL Wasser

Das Öl erhitzen und das Hähnchen anbraten, bis es leicht gebräunt ist. Mit Salz und Pfeffer würzen, den Sellerie dazugeben und 2 Minuten anbraten. Ananas, Brühe und Sojasauce hinzufügen und einige Minuten rühren, bis alles durchgewärmt ist. Maismehl und Wasser zu einer Paste vermischen, in die Pfanne geben und unter Rühren kochen, bis die Sauce klar und dickflüssig wird.

Hähnchen mit Paprika und Tomaten

für 4 Personen
45 ml / 3 EL Erdnussöl
450 g / 1 Pfund gekochtes Hähnchen, in Scheiben geschnitten
10 ml / 2 TL Salz
5 ml / 1 TL frisch gemahlener Pfeffer
1 grüne Paprika in Stücke schneiden
4 große Tomaten, geschält und in Scheiben geschnitten
250 ml / 8 fl oz / 1 Tasse Hühnerbrühe

30 ml / 2 EL Maismehl (Maisstärke)
15 ml / 1 EL Sojasauce
120 ml / 4 fl oz / ½ Tasse Wasser

Das Öl erhitzen und das Hähnchen darin anbraten, mit Salz und Pfeffer goldbraun würzen. Paprika und Tomaten hinzufügen. Mit der Brühe aufgießen, zum Kochen bringen und zugedeckt 15 Minuten köcheln lassen. Maismehl, Sojasauce und Wasser zu einer Paste vermischen, in einem Topf verrühren und unter Rühren kochen, bis die Sauce klar wird und eindickt.

Sesame Chicken

für 4 Personen

450 g / 1 Pfund gekochtes Hähnchen, in Streifen geschnitten
2 Scheiben fein gehackter Ingwer
1 Frühlingszwiebel (Frühlingszwiebel), gehackt
Salz und frisch gemahlener Pfeffer
60 ml / 4 EL Reiswein oder trockener Sherry

60 ml / 4 EL Sesamöl

10 ml / 2 TL Zucker

5 ml / 1 Teelöffel Weinessig

150 ml / ¼ pt / großzügige ½ Tasse Sojasauce

Legen Sie das Hähnchen auf eine Servierplatte und bestreuen Sie es mit Ingwer, Frühlingszwiebeln, Salz und Pfeffer. Wein oder Sherry, Sesamöl, Zucker, Weinessig und Sojasauce vermischen. Über das Huhn gießen.

gebratenes Küken

für 4 Personen

2 Küken, halbiert

45 ml / 3 EL Sojasauce

45 ml / 3 EL. Esslöffel Reiswein oder trockener Sherry

120 ml / 4 fl oz / ½ Tasse Erdnussöl (Erdnuss)

1 Frühlingszwiebel (Frühlingszwiebel), gehackt

30 ml / 2 EL Hühnerbrühe
10 ml / 2 TL Zucker
5 ml / 1 TL Chiliöl
5 ml / 1 TL Knoblauchpaste
Salz und Pfeffer

Die Küken in eine Schüssel geben. Sojasauce und Wein oder Sherry vermischen, über die Küken gießen, abdecken und 2 Stunden lang marinieren lassen, dabei häufig begießen. Erhitzen Sie das Öl und braten Sie die Küken etwa 20 Minuten lang, bis sie gar sind. Nehmen Sie sie aus der Pfanne und erhitzen Sie das Öl erneut. Zurück in die Pfanne geben und goldbraun braten. Den größten Teil des Öls ablassen. Die restlichen Zutaten vermischen, in die Pfanne geben und schnell erhitzen. Vor dem Servieren über die Küken gießen.

Truthahn mit Zuckererbsen

für 4 Personen

60 ml / 4 EL Erdnussöl
2 Frühlingszwiebeln (Frühlingszwiebeln), gehackt
2 Knoblauchzehen, gehackt
1 Scheibe Ingwerwurzel, gemahlen
225 g Putenbrust, in Streifen geschnitten

225 g Zuckerschoten
100 g Bambussprossen, in Streifen geschnitten
50 g Wasserkastanien, in Streifen geschnitten
45 ml / 3 EL Sojasauce
15 ml / 1 EL Reiswein oder trockener Sherry
5 ml / 1 TL Zucker
5 ml / 1 TL Salz
15 ml / 1 EL Maismehl (Maisstärke)

45 ml / 3 EL Öl erhitzen und Frühlingszwiebeln, Knoblauch und Ingwer anbraten, bis sie leicht gebräunt sind. Den Truthahn dazugeben und 5 Minuten anbraten. Aus der Pfanne nehmen und beiseite stellen. Das restliche Öl erhitzen und die Zuckerschoten, Bambussprossen und Wasserkastanien 3 Minuten anbraten. Sojasauce, Wein oder Sherry, Zucker und Salz hinzufügen und den Truthahn wieder in die Pfanne geben. 1 Minute kochen lassen. Maismehl mit einer kleinen Menge Wasser vermischen, in einem Topf umrühren und unter Rühren kochen, bis die Soße klar wird und eindickt.

Truthahn mit Paprika

für 4 Personen

4 getrocknete chinesische Pilze

30 ml / 2 EL Erdnussöl

1 Chinakohl, in Streifen geschnitten

350 g geräucherter Truthahn, in Streifen geschnitten

1 geschnittene Zwiebel

1 rote Paprika in Streifen schneiden

1 grüne Paprika, in Streifen geschnitten

120 ml / 4 fl oz / ½ Tasse Hühnerbrühe

30 ml / 2 EL Tomatenmark (Paste)

45 ml / 3 Esslöffel Weinessig

30 ml / 2 EL Sojasauce

15 ml / 1 EL. Hoisin Soße

10 ml / 2 TL Maismehl (Maisstärke)

ein paar Tropfen Chiliöl

Die Pilze 30 Minuten in lauwarmem Wasser einweichen und abtropfen lassen. Die Stiele entfernen und die Spitzen in Streifen schneiden. Die Hälfte des Öls erhitzen und den Kohl etwa 5 Minuten lang braten, bis er gar ist. Aus der Form nehmen. Den Truthahn hinzufügen und 1 Minute kochen lassen. Das Gemüse dazugeben und 3 Minuten anbraten. Die Brühe mit Tomatenpüree, Weinessig und Soßen vermischen und zum Kohl in die Pfanne geben. Maisstärke mit etwas Wasser vermischen, in einem Topf verrühren und unter Rühren zum Kochen bringen. Mit Chiliöl bestreuen und unter ständigem Rühren 2 Minuten kochen lassen.

chinesischer gebratener Truthahn

Für 8 bis 10 Personen

1 kleiner Truthahn

600 ml / 1pt / 2½ Tassen heißes Wasser

10 ml / 2 EL. Piment

500 ml / 16 fl oz / 2 Tassen Sojasauce

5 ml / 1 TL Sesamöl

10 ml / 2 TL Salz

45 ml / 3 EL Butter

Geben Sie den Truthahn in die Pfanne und übergießen Sie ihn mit heißem Wasser. Die restlichen Zutaten bis auf die Butter dazugeben und 1 Stunde unter mehrmaligem Wenden stehen lassen. Truthahn aus der Flüssigkeit nehmen und mit Butter bestreichen. In einen Bräter geben, leicht mit Küchenpapier abdecken und im vorgeheizten Backofen bei 160 °C/Thermostat 3 etwa 4 Stunden backen, dabei gelegentlich mit Sojasauce begießen. Entfernen Sie die Folie und lassen Sie die Haut die letzten 30 Minuten knusprig.

Truthahn mit Walnüssen und Pilzen

für 4 Personen

450 g / 1 Kilo Putenbrust

Salz und Pfeffer

1 Orangensaft

15 ml / 1 EL Allzweckmehl

12 in Saft marinierte schwarze Walnüsse

5 ml / 1 TL Maismehl (Maisstärke)

15 ml / 1 EL Erdnussöl

2 Frühlingszwiebeln (Frühlingszwiebeln), gewürfelt

225g Pilze

45 ml / 3 EL. Esslöffel Reiswein oder trockener Sherry

10 ml / 2 TL Sojasauce

50 g / 2 Unzen / ½ Tasse Butter

25 g Pinienkerne

Den Truthahn in 1 cm / ½ dicke Scheiben schneiden. Mit Salz, Pfeffer und Orangensaft bestreuen und mit Mehl bestäuben. Die Walnüsse abtropfen lassen, halbieren, dabei die Flüssigkeit stehen lassen und die Flüssigkeit mit der Maisstärke vermischen. Das Öl erhitzen und den Truthahn goldbraun braten. Frühlingszwiebeln und Pilze dazugeben und 2 Minuten anbraten. Wein oder Sherry und Sojasauce hinzufügen und 30 Sekunden kochen lassen. Die Walnüsse zur Maismehlmischung geben, dann in den Topf geben und zum Kochen bringen. Die Butter in kleinen Flöckchen dazugeben, aber nicht kochen lassen. Die Pinienkerne in einer trockenen Pfanne goldbraun rösten.

Ente auf Bambussprossen

für 4 Personen
6 getrocknete chinesische Pilze
1 Ente
50 g geräucherter Schinken, in Streifen geschnitten
100 g Bambussprossen, in Streifen geschnitten
2 Frühlingszwiebeln (Frühlingszwiebeln), in Streifen geschnitten
2 Scheiben Ingwerwurzel, in Streifen schneiden
5 ml / 1 TL Salz

Die Pilze 30 Minuten in lauwarmem Wasser einweichen und abtropfen lassen. Die Stiele entfernen und die Spitzen in Streifen schneiden. Geben Sie alle Zutaten in eine hitzebeständige Schüssel und stellen Sie sie in einen Topf, der zu zwei Dritteln mit Wasser gefüllt ist. Zum Kochen bringen, abdecken und etwa 2 Stunden köcheln lassen, bis die Ente gar ist. Bei Bedarf noch mehr kochendes Wasser hinzufügen.

Ente mit Sojasprossen

für 4 Personen

225 g Sojasprossen

45 ml / 3 EL Erdnussöl

450 g / 1 Pfund gekochtes Entenfleisch

15 ml / 1 EL. Austernsauce

15 ml / 1 EL Reiswein oder trockener Sherry

30 ml / 2 EL Wasser

2,5 ml / ½ TL Salz

Die Sojasprossen in kochendem Wasser 2 Minuten kochen und abtropfen lassen. Öl erhitzen, Sojasprossen 30 Sekunden braten. Ente dazugeben und anbraten, bis alles durchgewärmt ist. Die restlichen Zutaten hinzufügen und 2 Minuten anbraten, um die Aromen zu vermischen. Sofort servieren.

geschmorte Ente

für 4 Personen

4 Frühlingszwiebeln (Frühlingszwiebeln), gehackt

1 Scheibe Ingwerwurzel, gemahlen

120 ml / 4 fl oz / ½ Tasse Sojasauce

30 ml / 2 EL Reiswein oder trockener Sherry

1 Ente

120 ml / 4 fl oz / ½ Tasse Erdnussöl (Erdnuss)

600 ml / 1pt / 2½ Tassen Wasser

15 ml / 1 EL brauner Zucker

Frühlingszwiebeln, Ingwer, Sojasauce und Wein oder Sherry vermischen und die Ente innen und außen einreiben. Das Öl erhitzen und die Ente anbraten, bis sie von allen Seiten leicht gebräunt ist. Lassen Sie das Öl ab. Das Wasser und die restliche Sojasauce hinzufügen, zum Kochen bringen, abdecken und 1 Stunde kochen lassen. Den Zucker hinzufügen, abdecken und weitere 40 Minuten köcheln lassen, bis die Ente gar ist.

Gedämpfte Ente mit Sellerie

für 4 Personen

350 g / 12 oz gekochte Ente, in Scheiben geschnitten

1 Kopf Sellerie

250 ml / 8 fl oz / 1 Tasse Hühnerbrühe

2,5 ml / ½ TL Salz

5 ml / 1 TL Sesamöl

1 Tomate, in Scheiben geschnitten

Legen Sie die Ente auf den Dampfgarer. Den Sellerie in 3/7,5 cm lange Stücke schneiden und in die Pfanne geben. Mit der Brühe aufgießen, mit Salz würzen und den Dampfgarer auf die Pfanne stellen. Bringen Sie die Brühe zum Kochen und kochen Sie sie dann etwa 15 Minuten lang, bis der Sellerie weich und die Ente heiß ist. Die Ente und den Sellerie auf eine vorgewärmte Servierplatte legen, den Sellerie mit Sesamöl beträufeln und mit Tomatenscheiben garniert servieren.

Ingwerente

für 4 Personen
350g / 12oz dünn geschnittene Entenbrust
1 Ei, leicht geschlagen
5 ml / 1 TL Sojasauce
5 ml / 1 TL Maismehl (Maisstärke)
5 ml / 1 TL Erdnussöl
Frittieröl
50g Bambussprossen
50 g Zuckerschoten (Erbsen)
2 Scheiben Ingwerwurzel, gehackt
15 ml / 1 EL Wasser
2,5 ml / ½ TL Zucker
2,5 ml / ½ TL Reiswein oder trockener Sherry
2,5 ml / ½ TL Sesamöl

Die Ente mit Ei, Sojasauce, Maisstärke und Öl vermischen und 10 Minuten ruhen lassen. Erhitzen Sie das Öl und braten Sie die Ente und die Bambussprossen an, bis sie gar und goldbraun sind. Aus der Pfanne nehmen und gut abtropfen lassen. Gießen Sie alles bis auf 15 ml/1 EL Öl in die Pfanne und braten Sie die Ente, Bambussprossen, Zuckerschoten, Ingwer, Wasser, Zucker und Wein oder Sherry 2 Minuten lang an. Mit Sesamöl beträufelt servieren.

Ente mit grünen Bohnen

für 4 Personen

1 Ente
60 ml / 4 EL Erdnussöl
2 Knoblauchzehen, gehackt
2,5 ml / ½ TL Salz
1 gehackte Zwiebel
15 ml / 1 EL geriebene Ingwerwurzel
45 ml / 3 EL Sojasauce
120 ml / 4 fl oz / ½ Tasse Reiswein oder trockener Sherry
60 ml / 4 Esslöffel Tomatensauce (Ketchup)
45 ml / 3 Esslöffel Weinessig
300 ml / ½ pt / 1¼ Tasse Hühnerbrühe
450 g / 1 Pfund grüne Bohnen, in Scheiben geschnitten
eine Prise frisch gemahlener Pfeffer
5 Tropfen Chiliöl
15 ml / 1 EL Maismehl (Maisstärke)
30 ml / 2 EL Wasser

Die Ente in 8 oder 10 Stücke schneiden. Das Öl erhitzen und die Ente goldbraun braten. In eine Schüssel geben. Knoblauch, Salz, Zwiebel, Ingwer, Sojasauce, Wein oder Sherry,

Tomatensauce und Weinessig hinzufügen. Mischen, abdecken und 3 Stunden im Kühlschrank marinieren.

Das Öl erneut erhitzen, die Ente, die Brühe und die Marinade hinzufügen, aufkochen und zugedeckt 1 Stunde köcheln lassen. Die Bohnen hinzufügen, abdecken und 15 Minuten köcheln lassen. Paprika und Chiliöl hinzufügen. Das Maismehl mit Wasser vermischen, in den Topf einrühren und unter Rühren kochen, bis die Soße eindickt.

dampfgebratene Ente

für 4 Personen

1 Ente

Salz und frisch gemahlener Pfeffer

Frittieröl

Hoisin Soße

Die Ente mit Salz und Pfeffer würzen und in eine hitzebeständige Schüssel geben. In einen Topf geben, der zu zwei Dritteln mit Wasser gefüllt ist, zum Kochen bringen, abdecken und etwa 1 Stunde und 30 Minuten köcheln lassen, bis die Ente weich ist. Abgießen und abkühlen lassen.

Das Öl erhitzen und die Ente knusprig und goldbraun braten. Herausnehmen und gut abtropfen lassen. In kleine Stücke schneiden und mit Hoisinsauce servieren.

Ente mit exotischen Früchten

für 4 Personen

4 Entenbrüste, in Streifen geschnitten
2,5 ml / ½ TL Fünf-Gewürze-Pulver
30 ml / 2 EL Sojasauce
15 ml / 1 EL Sesamöl
15 ml / 1 EL Erdnussöl
3 Selleriestangen, gewürfelt
2 Scheiben Ananas, gewürfelt
100 g gewürfelte Melone
100 g / 4 oz Litschis, halbiert
130 ml / 4 fl oz / ½ Tasse Hühnerbrühe
30 ml / 2 EL Tomatenmark (Paste)
30 ml / 2 EL. Hoisin Soße
10 ml / 2 TL Weinessig
eine Prise brauner Zucker

Die Ente in eine Schüssel geben. Fünf Gewürzpulver, Sojasauce und Sesamöl vermischen, über die Ente gießen und 2 Stunden marinieren lassen, dabei gelegentlich umrühren. Das Öl erhitzen und die Ente 8 Minuten anbraten. Aus der Form nehmen. Sellerie und Obst hinzufügen und 5 Minuten anbraten. Die Ente mit den anderen Zutaten wieder in die Pfanne geben, zum Kochen bringen und vor dem Servieren 2 Minuten kochen lassen.

Geschmorte Ente mit chinesischen Blättern

für 4 Personen
1 Ente
30 ml / 2 EL Reiswein oder trockener Sherry
30 ml / 2 EL. Hoisin Soße
15 ml / 1 EL Maismehl (Maisstärke)
5 ml / 1 TL Salz
5 ml / 1 TL Zucker
60 ml / 4 EL Erdnussöl
4 Frühlingszwiebeln (Frühlingszwiebeln), gehackt
2 Knoblauchzehen, gehackt
1 Scheibe Ingwerwurzel, gemahlen
75 ml / 5 EL Sojasauce
600 ml / 1pt / 2½ Tassen Wasser
225 g / 8 oz chinesische Blätter, gerieben

Die Ente in etwa 6 Stücke schneiden. Wein oder Sherry, Hoisinsauce, Maisstärke, Salz und Zucker vermischen und die Ente damit bestreichen. 1 Stunde stehen lassen. Das Öl erhitzen und die Frühlingszwiebeln, den Knoblauch und den Ingwer einige Sekunden anbraten. Ente hinzufügen und braten, bis sie von allen Seiten leicht gebräunt ist. Überschüssiges Fett abtropfen lassen. Sojasauce und Wasser angießen, zum Kochen bringen, abdecken und etwa 30 Minuten köcheln lassen. Die chinesischen Blätter hinzufügen, erneut abdecken und weitere 30 Minuten köcheln lassen, bis die Ente gar ist.

betrunkene Ente

für 4 Personen

2 Frühlingszwiebeln (Frühlingszwiebeln), gehackt
2 zerdrückte Knoblauchzehen
1,5 l / 2½ pts / 6 Tassen Wasser
1 Ente
450 ml / ¾ pt / 2 Tassen Reiswein oder trockener Sherry

Frühlingszwiebeln, Knoblauch und Wasser in einen großen Topf geben und zum Kochen bringen. Die Ente dazugeben, erneut aufkochen, abdecken und 45 Minuten kochen lassen. Gut abtropfen lassen und die Flüssigkeit für die Brühe auffangen. Lassen Sie die Ente abkühlen und stellen Sie sie dann über Nacht in den Kühlschrank. Die Ente in Stücke schneiden und in einen großen Schraubdeckel geben. Mit

Wein oder Sherry übergießen und etwa eine Woche im Kühlschrank lagern, dann abgießen und kalt servieren.

fünf würzige Enten

für 4 Personen

150 ml / ¼ pt / großzügige ½ Tasse Reiswein oder trockener Sherry

150 ml / ¼ pt / großzügige ½ Tasse Sojasauce

1 Ente

10 ml / 2 TL Fünf-Gewürze-Pulver

Wein oder Sherry und Sojasauce zum Kochen bringen. Die Ente dazugeben und bei schwacher Hitze unter Wenden etwa 5 Minuten garen. Die Ente aus der Pfanne nehmen und die Haut mit dem Fünf-Gewürze-Pulver einreiben. Geben Sie das Geflügel zurück in den Topf und fügen Sie so viel Wasser hinzu, dass die Ente bedeckt ist. Zum Kochen bringen, abdecken und etwa 1½ Stunden köcheln lassen, bis die Ente weich ist, dabei häufig wenden und begießen. Die Ente in 5–2 cm große Stücke schneiden und heiß oder kalt servieren.

Gebratene Ente mit Ingwer

für 4 Personen

1 Ente

2 Scheiben Ingwerwurzel, gerieben

2 Frühlingszwiebeln (Frühlingszwiebeln), gehackt

15 ml / 1 EL Maismehl (Maisstärke)

30 ml / 2 EL Sojasauce

30 ml / 2 EL Reiswein oder trockener Sherry

2,5 ml / ½ TL Salz

45 ml / 3 EL Erdnussöl

Das Fleisch von den Knochen lösen und in Stücke schneiden. Das Fleisch mit allen anderen Zutaten außer dem Öl vermischen. 1 Stunde stehen lassen. Das Öl erhitzen und die Ente in der Marinade etwa 15 Minuten anbraten, bis die Ente gar ist.

Ente mit Schinken und Lauch

für 4 Personen

1 Ente

450 g / 1 Pfund geräucherter Schinken

2 Lauch

2 Scheiben Ingwerwurzel, gehackt

45 ml / 3 EL. Esslöffel Reiswein oder trockener Sherry

45 ml / 3 EL Sojasauce

2,5 ml / ½ TL Salz

Geben Sie die Ente in die Pfanne und bedecken Sie sie einfach mit kaltem Wasser. Zum Kochen bringen, abdecken und etwa 20 Minuten köcheln lassen. Abgießen und 450 ml / ¾ Punkte / 2 Tassen Brühe aufbewahren. Die Ente etwas abkühlen lassen, dann das Fleisch von den Knochen lösen und in 5 cm große Quadrate schneiden. Den Schinken in gleich große Stücke schneiden. Schneiden Sie den Lauch in lange Stücke, rollen Sie eine Enten- und Schinkenscheibe in die Folie und binden Sie sie mit einem Band zusammen. In einen hitzebeständigen Behälter geben. Ingwer, Wein oder Sherry, Sojasauce und Salz in die beiseite gestellte Brühe geben und über die Entenröllchen gießen. Stellen Sie die Schüssel in einen mit Wasser gefüllten Topf, bis das Wasser zu zwei Dritteln über den Schüsselrand reicht. Zum Kochen bringen,

Honig gebratene Ente

für 4 Personen

1 Ente

Salz

3 Knoblauchzehen, gehackt

3 Frühlingszwiebeln (Frühlingszwiebeln), gehackt

45 ml / 3 EL Sojasauce

45 ml / 3 EL. Esslöffel Reiswein oder trockener Sherry

45 ml / 3 EL Honig

200 ml / 7 fl oz / nur 1 Tasse kochendes Wasser

Wischen Sie die Ente trocken und reiben Sie sie innen und außen mit Salz ein. Knoblauch, Frühlingszwiebeln, Sojasauce und Wein oder Sherry vermischen und die Mischung halbieren. Den Honig halbieren, die Ente damit einreiben und trocknen lassen. Geben Sie das Wasser zur restlichen Honigmischung hinzu. Gießen Sie die Sojasauce in den Hohlraum der Ente und legen Sie sie auf ein Gitter in einer

Pfanne mit etwas Wasser am Boden. Im vorgeheizten Backofen bei 180 °C/Thermostat 4 etwa 2 Stunden backen, bis die Ente gar ist. Während des Garens mit der restlichen Honigmischung bestreichen.

nasse gebratene Ente

für 4 Personen

6 Frühlingszwiebeln (Frühlingszwiebeln), gehackt

2 Scheiben Ingwerwurzel, gehackt

1 Ente

2,5 ml / ½ TL gemahlener Anis

15 ml / 1 EL Zucker

45 ml / 3 EL. Esslöffel Reiswein oder trockener Sherry

60 ml / 4 EL Sojasauce

250 ml / 8 Flüssigunzen / 1 Tasse Wasser

Geben Sie die Hälfte der Zwiebel und des Ingwers in einen großen Topf mit dickem Boden. Den Rest in die Mulde der Ente geben und in die Pfanne geben. Alle anderen Zutaten bis auf die Hoisinsauce hinzufügen, aufkochen lassen und zugedeckt etwa 1 1/2 Stunden köcheln lassen, dabei gelegentlich wenden. Die Ente aus der Pfanne nehmen und ca. 4 Stunden trocknen lassen.

Die Ente auf einem Rost in einen mit etwas kaltem Wasser gefüllten Bräter legen. Im vorgeheizten Backofen bei 230 °C/450 °F/Thermostat 8 15 Minuten backen, dann umdrehen und weitere 10 Minuten knusprig backen. In der Zwischenzeit die zurückbehaltene Flüssigkeit erhitzen und zum Servieren über die Ente gießen.

Gebratene Ente mit Pilzen

für 4 Personen

1 Ente

75 ml / 5 EL Erdnussöl

45 ml / 3 EL. Esslöffel Reiswein oder trockener Sherry

15 ml / 1 EL Sojasauce

15 ml / 1 EL Zucker

5 ml / 1 TL Salz

eine Prise Pfeffer

2 Knoblauchzehen, gehackt

225 g Champignons, halbiert

600 ml / 1pt / 2½ Tassen Hühnerbrühe

15 ml / 1 EL Maismehl (Maisstärke)

30 ml / 2 EL Wasser

5 ml / 1 TL Sesamöl

Schneiden Sie die Ente in 5 cm große Stücke bzw. 2 Stücke. Erhitzen Sie 45 ml bzw. 3 EL Öl und braten Sie die Ente an, bis sie von allen Seiten leicht gebräunt ist. Wein oder Sherry, Sojasauce, Zucker, Salz und Pfeffer hinzufügen und 4 Minuten anbraten. Aus der Form nehmen. Das restliche Öl erhitzen und den Knoblauch anbraten, bis er leicht gebräunt ist. Fügen Sie die Pilze hinzu und rühren Sie, bis sie mit Öl bedeckt sind. Geben Sie dann die Entenmischung in die Pfanne und fügen Sie die Brühe hinzu. Zum Kochen bringen, abdecken und etwa 1 Stunde köcheln lassen, bis die Ente gar ist. Maismehl und Wasser zu einer Paste vermischen, dann in die Mischung einrühren und unter Rühren kochen, bis die Soße eindickt.

Ente mit zwei Pilzen

für 4 Personen
6 getrocknete chinesische Pilze
1 Ente
750 ml / 1¼ pts / 3 Tassen Hühnerbrühe
45 ml / 3 EL. Esslöffel Reiswein oder trockener Sherry
5 ml / 1 TL Salz
100 g Bambussprossen, in Streifen geschnitten
100g Pilze

Die Pilze 30 Minuten in lauwarmem Wasser einweichen und abtropfen lassen. Die Stiele entfernen und die Spitzen halbieren. Legen Sie die Ente mit der Brühe, dem Wein oder Sherry und dem Salz in eine große hitzebeständige Schüssel und stellen Sie sie in einen mit Wasser gefüllten Topf, wobei der Rand der Schüssel zu zwei Dritteln hochstehen muss. Zum Kochen bringen, abdecken und etwa 2 Stunden köcheln lassen, bis die Ente gar ist. Aus der Pfanne nehmen und das Fleisch vom Knochen schneiden. Übertragen Sie die Kochflüssigkeit in einen separaten Topf. Geben Sie die Bambussprossen und die beiden Pilze auf den Boden des Dampfgarers, legen Sie das Entenfleisch zurück, decken Sie es ab und lassen Sie es weitere 30 Minuten garen. Die Kochflüssigkeit zum Kochen bringen und zum Servieren über die Ente gießen.

Enteneintopf mit Zwiebeln

für 4 Personen
4 getrocknete chinesische Pilze
1 Ente
90 ml / 6 EL Sojasauce
60 ml / 4 EL Erdnussöl
1 Frühlingszwiebel (Frühlingszwiebel), gehackt
1 Scheibe Ingwerwurzel, gemahlen
45 ml / 3 EL. Esslöffel Reiswein oder trockner Sherry
450 g / 1 Pfund Zwiebel, in Scheiben geschnitten
100 g Bambussprossen, in Scheiben geschnitten
15 ml / 1 EL brauner Zucker
15 ml / 1 EL Maismehl (Maisstärke)
45 ml / 3 EL Wasser

Die Pilze 30 Minuten in lauwarmem Wasser einweichen und abtropfen lassen. Die Stiele entfernen und die Spitzen abschneiden. Reiben Sie 15 ml / 1 EL Sojasauce über die Ente. 15 ml / 1 EL Öl aufbewahren, das restliche Öl erhitzen und die Frühlingszwiebeln und den Ingwer anbraten, bis sie leicht gebräunt sind. Ente hinzufügen und braten, bis sie von allen Seiten leicht gebräunt ist. Beseitigt überschüssiges Fett. Den Wein oder Sherry, die restliche Sojasauce und so viel Wasser hinzufügen, dass die Ente fast bedeckt ist. Zum Kochen bringen, abdecken und 1 Stunde köcheln lassen, dabei gelegentlich wenden.

Erhitzen Sie das beiseite gestellte Öl und braten Sie die Zwiebel an, bis sie weich ist. Vom Herd nehmen und die Bambussprossen und Pilze hinzufügen, dann die Ente hinzufügen, abdecken und weitere 30 Minuten köcheln lassen, bis die Ente gar ist. Die Ente aus der Pfanne nehmen, in Stücke schneiden und auf einen vorgewärmten Servierteller legen. Die Flüssigkeit im Topf zum Kochen bringen, Zucker und Maisstärke hinzufügen und unter Rühren kochen, bis die Mischung kocht und eindickt. Zum Servieren über die Ente gießen.

Ente mit Orange

für 4 Personen

1 Ente

3 Frühlingszwiebeln (Frühlingszwiebeln), in Stücke geschnitten

2 Scheiben Ingwerwurzel, in Streifen schneiden

1 Scheibe Orangenschale

Salz und frisch gemahlener Pfeffer

Die Ente in einen großen Topf geben, einfach mit Wasser bedecken und zum Kochen bringen. Die neuen Zwiebeln, den Ingwer und die Orangenschale hinzufügen und zugedeckt etwa 1 Stunde und 30 Minuten köcheln lassen, bis die Ente weich ist. Mit Salz und Pfeffer würzen, abtropfen lassen und servieren.

Gebratene Ente mit Orange

für 4 Personen

1 Ente

2 Knoblauchzehen, halbiert

45 ml / 3 EL Erdnussöl

1 Zwiebel

1 Orange

120 ml / 4 fl oz / ½ Tasse Reiswein oder trockener Sherry

2 Scheiben Ingwerwurzel, gehackt

5 ml / 1 TL Salz

Reiben Sie die Ente innen und außen mit Knoblauch ein und bestreichen Sie sie dann mit Öl. Die geschälte Zwiebel mit einer Gabel zerhacken, mit der ungeschälten Orange in die

Mulde der Ente stecken und diese mit einem Spieß verschließen. Die Ente auf einem Rost in einen mit leicht warmem Wasser gefüllten Bräter legen und im vorgeheizten Backofen bei 160 °C/Thermostat 3 ca. 2 Stunden braten. Schütten Sie die Flüssigkeit weg und legen Sie die Ente wieder in den Bräter. Wein oder Sherry darübergießen und mit Ingwer und Salz bestreuen. Zurück in den Ofen für weitere 30 Minuten. Zwiebeln und Orangen wegwerfen und die Ente zum Servieren in Stücke schneiden. Zum Servieren den Bratensaft über die Ente gießen.

Ente mit Birnen und Kastanien

für 4 Personen

225 g Kastanien, geschält

1 Ente

45 ml / 3 EL Erdnussöl

250 ml / 8 fl oz / 1 Tasse Hühnerbrühe

45 ml / 3 EL Sojasauce

15 ml / 1 EL Reiswein oder trockener Sherry

5 ml / 1 TL Salz

1 Scheibe Ingwerwurzel, gemahlen

1 große Birne, geschält und in dicke Scheiben geschnitten

15 ml / 1 EL Zucker

Die Kastanien 15 Minuten kochen und abtropfen lassen. Schneiden Sie die Ente in 5/2 cm große Stücke, erhitzen Sie das Öl und braten Sie die Ente an, bis sie von allen Seiten leicht gebräunt ist. Überschüssiges Öl abgießen, dann Brühe, Sojasauce, Wein oder Sherry, Salz und Ingwer hinzufügen. Zum Kochen bringen, abdecken und 25 Minuten köcheln lassen, dabei gelegentlich umrühren. Die Kastanien dazugeben und zugedeckt weitere 15 Minuten köcheln lassen. Die Birne mit Zucker bestreuen, in die Pfanne geben und etwa 5 Minuten kochen lassen, bis sie durchgeheizt ist.

Pekingente

für 6

1 Ente
250 ml / 8 Flüssigunzen / 1 Tasse Wasser
120 ml / 4 fl oz / ½ Tasse Honig
120 ml / 4 fl oz / ½ Tasse Sesamöl
Für die Pfannkuchen:
250 ml / 8 Flüssigunzen / 1 Tasse Wasser
225 g / 8 oz / 2 Tassen Allzweckmehl
Erdnussöl zum Braten

Für die Soßen:

120 ml / 4 fl oz / ½ Tasse Hoisinsauce

30 ml / 2 EL brauner Zucker

30 ml / 2 EL Sojasauce

5 ml / 1 TL Sesamöl

6 Zwiebeln (Frühlingszwiebeln), längs geschnitten

1 Gurke in Streifen schneiden

Die Ente muss ganz und die Haut intakt sein. Binden Sie den Hals mit Bindfaden fest und nähen oder fädeln Sie das untere Loch ein. Schneiden Sie einen kleinen Einschnitt an der Seite des Halses, führen Sie den Strohhalm ein und blasen Sie Luft unter die Haut, bis sie voll ist. Die Ente auf die Schüssel legen und 1 Stunde ruhen lassen.

Einen Topf mit Wasser zum Kochen bringen, die Ente dazugeben und 1 Minute kochen lassen, dann herausnehmen und gut trocknen. Das Wasser zum Kochen bringen und den Honig hinzufügen. Reiben Sie die Mischung auf die Haut der Ente, bis sie gesättigt ist. Hängen Sie die Ente etwa 8 Stunden lang an einem kühlen, luftigen Ort über die Schüssel, bis die Haut hart ist.

Hängen Sie die Ente auf oder legen Sie sie auf ein Gestell über einem Bräter und braten Sie sie im vorgeheizten Backofen bei 180 °C/350 °F/Thermostat 4 etwa 1 Stunde und 30 Minuten lang, wobei Sie sie regelmäßig mit Sesamöl beträufeln.

Für die Pfannkuchen das Wasser aufkochen und dann nach und nach das Mehl hinzufügen. Leicht kneten, bis der Teig weich ist, mit einem feuchten Küchentuch abdecken und 15 Minuten ruhen lassen. Auf einer bemehlten Fläche ausrollen und einen langen Zylinder formen. In 2,5 cm dicke Scheiben schneiden, dann auf eine Dicke von etwa ¼/5 mm flach drücken und die Oberfläche mit Öl einfetten. Paarweise so stapeln, dass sich die geölten Oberflächen berühren, und die Außenseite leicht mit Mehl bestäuben. Rollen Sie die Paare etwa 10 cm breit aus und braten Sie sie paarweise auf jeder Seite etwa 1 Minute lang an, bis sie leicht gebräunt sind. Bis zum Servieren trennen und stapeln.

Bereiten Sie die Soßen zu, indem Sie die Hälfte der Hoisinsoße mit dem Zucker und den Rest der Hoisinsoße mit der Sojasoße und dem Sesamöl vermischen.

Nehmen Sie die Ente aus dem Ofen, schneiden Sie die Haut ab, schneiden Sie sie in Quadrate und schneiden Sie das

Fleisch in Würfel. Auf verschiedenen Tellern anrichten und mit Pfannkuchen, Saucen und Beilagen servieren.

Enteneintopf mit Ananas

für 4 Personen

1 Ente

400 g / 14 oz Dosenananas in Sirup

45 ml / 3 EL Sojasauce

5 ml / 1 TL Salz

eine Prise frisch gemahlener Pfeffer

Die Ente in einen Topf mit dickem Boden geben, nur mit Wasser bedecken, zum Kochen bringen, abdecken und 1 Stunde köcheln lassen. Den Ananassirup mit der Sojasauce in einen Topf geben, mit Salz und Pfeffer würzen, abdecken und bei schwacher Hitze weitere 30 Minuten kochen lassen. Die Ananasstücke hinzufügen und weitere 15 Minuten kochen, bis die Ente gar ist.

Gebratene Ente mit Ananas

für 4 Personen

1 Ente
45 ml / 3 EL Maismehl (Maisstärke)
45 ml / 3 EL Sojasauce
225 g Dosenananas in Sirup
45 ml / 3 EL Erdnussöl
2 Scheiben Ingwerwurzel, in Streifen schneiden
15 ml / 1 EL Reiswein oder trockener Sherry
5 ml / 1 TL Salz

Das Fleisch vom Knochen lösen und in Stücke schneiden. Die Sojasauce mit 30 ml / 2 EL Maismehl vermischen und mit der Ente vermischen, bis sie bedeckt ist. 1 Stunde stehen lassen, dabei gelegentlich umrühren. Ananas und Sirup zerdrücken und in einem Topf vorsichtig erhitzen. Den Rest des Maismehls mit etwas Wasser vermischen, im Topf verrühren und unter Rühren kochen, bis die Soße eindickt. Warm bleiben. Das Öl erhitzen und den Ingwer leicht goldbraun anbraten, dann den Ingwer wegwerfen. Ente hinzufügen und braten, bis sie von allen Seiten leicht gebräunt ist. Wein oder

Sherry und Salz hinzufügen und noch ein paar Minuten kochen lassen, bis die Ente gar ist.

Ente mit Ananas und Ingwer

für 4 Personen

1 Ente

100 g Ingwer aus der Dose in Sirup

200 g / 7 oz Dosenananas in Sirup

5 ml / 1 TL Salz

15 ml / 1 EL Maismehl (Maisstärke)

30 ml / 2 EL Wasser

Legen Sie die Ente in eine hitzebeständige Schüssel und stellen Sie sie in einen mit Wasser gefüllten Topf, bis sie zu zwei Dritteln über den Schüsselrand reicht. Zum Kochen bringen, abdecken und etwa 2 Stunden köcheln lassen, bis die Ente gar ist. Die Ente herausnehmen und etwas abkühlen lassen. Haut und Knochen entfernen und die Ente in Stücke schneiden. Auf eine Servierplatte legen und warm halten.

Ingwer und Ananassirup in einen Topf abtropfen lassen, Salz, Maismehl und Wasser hinzufügen. Unter Rühren zum Kochen bringen und einige Minuten unter Rühren kochen, bis die Soße klar wird und eindickt. Ingwer und Ananas dazugeben, vermischen und zum Servieren über die Ente gießen.

Ente mit Ananas und Litschi

für 4 Personen

4 Entenbrüste

15 ml / 1 EL Sojasauce

1 Sternanis-Zehe

1 Scheibe Ingwerwurzel

Erdnussöl zum Braten

90 ml / 6 Esslöffel Weinessig

100 g / 4 oz / ½ Tasse brauner Zucker

250 ml / 8 fl oz / ½ Tasse Hühnerbrühe

15 ml / 1 Esslöffel Tomatensauce (Ketchup)

200 g / 7 oz Dosenananas in Sirup

15 ml / 1 EL Maismehl (Maisstärke)

6 Litschis aus der Dose

6 Maraschino-Kirschen

Enten, Sojasauce, Anis und Ingwer in einen Topf geben und mit kaltem Wasser bedecken. Zum Kochen bringen, schälen, abdecken und etwa 45 Minuten köcheln lassen, bis die Ente gut gegart ist. Abtropfen lassen und trocknen. Im heißen Öl knusprig braten.

In der Zwischenzeit Weinessig, Zucker, Brühe, Tomatensauce und 30 ml / 2 EL Ananassirup in einen Topf geben, zum Kochen bringen und etwa 5 Minuten kochen lassen, bis die Flüssigkeit eingedickt ist. Fügen Sie die Früchte hinzu und erhitzen Sie die Ente vor dem Servieren noch einmal.

Ente mit Schweinefleisch und Kastanien

für 4 Personen
6 getrocknete chinesische Pilze
1 Ente
225 g Kastanien, geschält
225 g mageres Schweinefleisch, gewürfelt
3 Frühlingszwiebeln (Frühlingszwiebeln), gehackt
1 Scheibe Ingwerwurzel, gemahlen
250 ml / 8 fl oz / 1 Tasse Sojasauce
900 ml / 1½ qt / 3¾ Tassen Wasser

Die Pilze 30 Minuten in lauwarmem Wasser einweichen und abtropfen lassen. Die Stiele entfernen und die Spitzen abschneiden. Mit allen anderen Zutaten in einen großen Topf geben, zum Kochen bringen, abdecken und etwa 1h30 köcheln lassen, bis die Ente gut gegart ist.

Ente mit Kartoffeln

für 4 Personen

75 ml / 5 EL Erdnussöl

1 Ente

3 Knoblauchzehen, gehackt

30 ml / 2 EL schwarze Bohnensauce

10 ml / 2 TL Salz

1,2 l / 2 Keile / 5 Tassen Wasser

2 Lauch, in dicke Scheiben geschnitten

15 ml / 1 EL Zucker

45 ml / 3 EL Sojasauce

60 ml / 4 EL Reiswein oder trockener Sherry

1 Sternanis-Zehe

900 g Kartoffeln, in dicke Scheiben geschnitten

½ Kopf chinesischer Blätter

15 ml / 1 EL Maismehl (Maisstärke)

30 ml / 2 EL Wasser

Zweige glatte Petersilie

60 ml / 4 EL Öl erhitzen und die Ente darin von allen Seiten braun anbraten. Binden oder nähen Sie das Halsende

zusammen und legen Sie den Entenhals in eine tiefe Schüssel. Das restliche Öl erhitzen und den Knoblauch anbraten, bis er leicht gebräunt ist. Schwarze Bohnensauce und Salz hinzufügen und 1 Minute anbraten. Wasser, Lauch, Zucker, Sojasauce, Wein oder Sherry und Sternanis hinzufügen und zum Kochen bringen. Gießen Sie 120 ml / 8 fl oz / 1 Tasse der Mischung in den Hohlraum der Ente und stecken Sie sie fest oder nähen Sie sie fest. Die restliche Mischung in einem Topf erhitzen, bis sie kocht. Ente und Kartoffeln dazugeben, abdecken und 40 Minuten köcheln lassen, dabei die Ente einmal wenden. Ordnen Sie die chinesischen Blätter auf einem Servierteller an. Nehmen Sie die Ente aus der Pfanne, schneiden Sie sie in 5/2 cm große Stücke und legen Sie sie zusammen mit den Kartoffeln auf eine Servierplatte. Das Maismehl mit Wasser zu einer Paste verrühren, in den Topf geben und bei schwacher Hitze unter Rühren kochen, bis die Soße eindickt.

Rote gekochte Ente

für 4 Personen

1 Ente

4 Frühlingszwiebeln (Frühlingszwiebeln), in Stücke geschnitten

2 Scheiben Ingwerwurzel, in Streifen schneiden

90 ml / 6 EL Sojasauce

45 ml / 3 EL. Esslöffel Reiswein oder trockener Sherry

10 ml / 2 TL Salz

10 ml / 2 TL Zucker

Die Ente in einen Topf mit dickem Boden geben, einfach mit Wasser bedecken und zum Kochen bringen. Frühlingszwiebeln, Ingwer, Wein oder Sherry und Salz hinzufügen, abdecken und etwa 1 Stunde köcheln lassen. Den Zucker hinzufügen und weitere 45 Minuten kochen, bis die

Ente gar ist. Die Ente auf einer Servierplatte tranchieren und heiß oder kalt servieren, mit oder ohne Soße.

Gebratene Ente mit Reisalkohol

für 4 Personen

1 Ente

500 ml / 14 fl oz / 1¾ Tassen Reiswein oder trockener Sherry

5 ml / 1 TL Salz

45 ml / 3 EL Sojasauce

Die Ente mit Sherry und Salz in einen Topf mit dickem Boden geben, zum Kochen bringen, abdecken und bei schwacher Hitze 20 Minuten garen. Ente abtropfen lassen, Flüssigkeit auffangen und mit Sojasauce bestreichen. Auf einem Rost in einen mit etwas heißem Wasser gefüllten Bräter legen und im vorgeheizten Backofen bei 180 °C/350 °F/Thermostat 4 etwa 1

Stunde garen, dabei regelmäßig mit dem beiseite gestellten flüssigen Wein begießen.

Gedämpfte Ente in Reiswein

für 4 Personen

1 Ente

4 Frühlingszwiebeln (Frühlingszwiebeln), halbiert

1 Scheibe Ingwerwurzel, gemahlen

250 ml / 8 fl oz / 1 Tasse Reiswein oder trockener Sherry

30 ml / 2 EL Sojasauce

eine Prise Salz

Die Ente 5 Minuten in kochendem Wasser kochen und abtropfen lassen. Zusammen mit den anderen Zutaten in eine hitzebeständige Schüssel geben. Stellen Sie die Schüssel in einen mit Wasser gefüllten Topf, bis das Wasser zu zwei Dritteln über den Schüsselrand reicht. Zum Kochen bringen, abdecken und etwa 2 Stunden köcheln lassen, bis die Ente gar ist. Frühlingszwiebeln und Ingwer vor dem Servieren wegwerfen.

gesalzene Ente

für 4 Personen

45 ml / 3 EL Erdnussöl

4 Entenbrüste

3 Frühlingszwiebeln (Frühlingszwiebeln), in Scheiben geschnitten

2 Knoblauchzehen, gehackt

1 Scheibe Ingwerwurzel, gemahlen

250 ml / 8 fl oz / 1 Tasse Sojasauce

30 ml / 2 EL Reiswein oder trockener Sherry

30 ml / 2 EL brauner Zucker

5 ml / 1 TL Salz

450 ml / ¾ pt / 2 Tassen Wasser

15 ml / 1 EL Maismehl (Maisstärke)

Das Öl erhitzen und die Entenbrüste goldbraun braten. Frühlingszwiebeln, Knoblauch und Ingwer hinzufügen und 2 Minuten anbraten. Sojasauce, Wein oder Sherry, Zucker und Salz hinzufügen und gut vermischen. Wasser hinzufügen, zum Kochen bringen, abdecken und etwa 1 Stunde und 30 Minuten köcheln lassen, bis das Fleisch sehr zart ist. Mischen Sie das Maismehl mit etwas Wasser, gießen Sie es dann in die Pfanne und kochen Sie es unter Rühren, bis die Sauce eindickt.

Gesalzene Ente mit grünen Bohnen

für 4 Personen

45 ml / 3 EL Erdnussöl

4 Entenbrüste

3 Frühlingszwiebeln (Frühlingszwiebeln), in Scheiben geschnitten

2 Knoblauchzehen, gehackt

1 Scheibe Ingwerwurzel, gemahlen

250 ml / 8 fl oz / 1 Tasse Sojasauce

30 ml / 2 EL Reiswein oder trockener Sherry

30 ml / 2 EL brauner Zucker

5 ml / 1 TL Salz

450 ml / ¾ pt / 2 Tassen Wasser

225 g / 8 oz grüne Bohnen

15 ml / 1 EL Maismehl (Maisstärke)

Das Öl erhitzen und die Entenbrüste goldbraun braten. Frühlingszwiebeln, Knoblauch und Ingwer hinzufügen und 2 Minuten anbraten. Sojasauce, Wein oder Sherry, Zucker und Salz hinzufügen und gut vermischen. Wasser hinzufügen, zum Kochen bringen, abdecken und etwa 45 Minuten köcheln lassen. Die Bohnen hinzufügen, abdecken und weitere 20 Minuten köcheln lassen. Mischen Sie das Maismehl mit etwas Wasser, gießen Sie es dann in die Pfanne und kochen Sie es unter Rühren, bis die Sauce eindickt.

geschmorte Ente

für 4 Personen

1 Ente

50 g / 2 oz / ½ Tasse Maismehl (Maizena)

Frittieröl

2 Knoblauchzehen, gehackt

30 ml / 2 EL Reiswein oder trockener Sherry

30 ml / 2 EL Sojasauce

5 ml / 1 TL geriebene Ingwerwurzel

750 ml / 1¼ pts / 3 Tassen Hühnerbrühe

4 getrocknete chinesische Pilze

225 g Bambussprossen, in Scheiben geschnitten

225 g / 8 oz geschnittene Wasserkastanien

10 ml / 2 TL Zucker

eine Prise Pfeffer

5 Frühlingszwiebeln (Frühlingszwiebeln), in Scheiben geschnitten

Die Ente in kleine Stücke schneiden. Reservieren Sie 30 ml / 2 EL Maismehl und bedecken Sie die Ente mit dem restlichen Maismehl. Wischen Sie überschüssiges Pulver ab. Das Öl erhitzen und den Knoblauch und die Ente anbraten, bis sie leicht gebräunt sind. Aus der Pfanne nehmen und auf einem Papiertuch abtropfen lassen. Die Ente in einen großen Topf geben. Mischen Sie den Wein oder Sherry, 15 ml / 1 EL. Esslöffel Sojasauce und Ingwer. In die Pfanne geben und bei starker Hitze 2 Minuten kochen lassen. Die Hälfte der Brühe hinzufügen, zum Kochen bringen und zugedeckt etwa 1 Stunde köcheln lassen, bis die Ente gar ist.

In der Zwischenzeit die Pilze 30 Minuten in lauwarmem Wasser einweichen und dann abtropfen lassen. Die Stiele entfernen und die Spitzen abschneiden. Pilze, Bambussprossen und Wasserkastanien zur Ente geben und unter häufigem Rühren 5 Minuten kochen lassen. Das Fett aus der Flüssigkeit abschöpfen. Restliche Brühe, Maismehl und Sojasauce mit Zucker und Pfeffer vermischen und in einem Topf verrühren. Unter Rühren zum Kochen bringen und dann ca. 5 Minuten kochen lassen, bis die Soße eindickt. In eine warme Servierschüssel geben und mit Knoblauch garniert servieren.

Entenbraten

für 4 Personen

1 Eiweiß, leicht geschlagen
20 ml / 1½ EL Maismehl (Maizena)
Salz
450 g / 1 Pfund dünn geschnittene Entenbrust
45 ml / 3 EL Erdnussöl
2 Frühlingszwiebeln (Frühlingszwiebeln), in Streifen geschnitten
1 grüne Paprika, in Streifen geschnitten
5 ml / 1 TL Reiswein oder trockener Sherry
75 ml / 5 EL Hühnerbrühe
2,5 ml / ½ TL Zucker

Das Eiweiß mit 15 ml/1 Esslöffel Speisestärke und einer Prise Salz verrühren. Die Entenscheiben dazugeben und umrühren, bis die Ente bedeckt ist. Erhitzen Sie das Öl und braten Sie die Ente, bis sie gar und goldbraun ist. Nehmen Sie die Ente aus der Pfanne und lassen Sie alles bis auf 30 ml bzw. 2 EL Öl abtropfen. Frühlingszwiebeln und Paprika dazugeben und 3

Minuten anbraten. Wein oder Sherry, Brühe und Zucker hinzufügen und zum Kochen bringen. Den Rest des Maismehls mit etwas Wasser vermischen, in die Soße einrühren und unter Rühren kochen, bis die Soße eindickt. Die Ente hinzufügen, erneut erhitzen und servieren.

Ente mit Süßkartoffeln

für 4 Personen

1 Ente

250 ml / 8 fl oz / 1 Tasse Erdnussöl (Erdnuss)

225 g Süßkartoffeln, geschält und gewürfelt

2 Knoblauchzehen, gehackt

1 Scheibe Ingwerwurzel, gemahlen

2,5 ml / ½ TL Zimt

2,5 ml / ½ TL gemahlene Nelken

eine Prise gemahlener Anis

5 ml / 1 TL Zucker

15 ml / 1 EL Sojasauce

250 ml / 8 fl oz / 1 Tasse Hühnerbrühe

15 ml / 1 EL Maismehl (Maisstärke)

30 ml / 2 EL Wasser

Die Ente in 5 cm große Stücke bzw. 2 Stücke schneiden, das Öl erhitzen und die Kartoffeln goldbraun braten. Nehmen Sie sie aus der Pfanne und lassen Sie sie bis auf 30 ml / 2 Esslöffel Öl abtropfen. Knoblauch und Ingwer hinzufügen und 30 Sekunden anbraten. Ente hinzufügen und braten, bis sie von allen Seiten leicht gebräunt ist. Gewürze, Zucker, Sojasauce und Brühe hinzufügen und zum Kochen bringen. Die Kartoffeln dazugeben, abdecken und etwa 20 Minuten köcheln lassen, bis die Ente gar ist. Mischen Sie das Maismehl mit dem Wasser zu einer Paste, geben Sie es dann in die Pfanne und kochen Sie es unter Rühren, bis die Sauce eindickt.

süß-saure Ente

für 4 Personen

1 Ente

1,2 l / 2 pt / 5 Tassen Hühnerbrühe

2 Zwiebeln

2 Karotten

2 Knoblauchzehen, in Scheiben geschnitten

15 ml / 1 EL Beizgewürz

10 ml / 2 TL Salz

10 ml / 2 TL Erdnussöl

6 Frühlingszwiebeln (Frühlingszwiebeln), gehackt

1 Mango, geschält und in Würfel geschnitten

12 Litschis, halbiert

15 ml / 1 EL Maismehl (Maisstärke)

15 ml / 1 EL Weinessig

10 ml / 2 TL Tomatenmark (Paste)

15 ml / 1 EL Sojasauce

5 ml / 1 TL Fünf-Gewürze-Pulver

300 ml / ½ pt / 1¼ Tasse Hühnerbrühe

Legen Sie die Ente in einen Dampfkorb in einem Topf mit Brühe, Zwiebeln, Karotten, Knoblauch, Gurken und Salz. Abdecken und 2½ Stunden dämpfen. Die Ente abkühlen lassen, abdecken und 6 Stunden im Kühlschrank lagern. Das Fleisch von den Knochen lösen und in Würfel schneiden. Das Öl erhitzen und die Ente und die Frühlingszwiebeln darin anbraten, bis sie knusprig sind. Die restlichen Zutaten hinzufügen, zum Kochen bringen und unter Rühren 2 Minuten kochen lassen, bis die Sauce eindickt.

www.ingramcontent.com/pod-product-compliance
Lightning Source LLC
Chambersburg PA
CBHW070407120526
44590CB00014B/1289